The Direction of Dharma Drum Mountain:
Founding and Establishment

法鼓山的方向

創建

聖嚴法師 著

編者序

實踐人間淨土的指南

佛陀在世時，弟子以佛為師，佛陀涅槃後，弟子以戒為師，佛教因此得以續佛慧命，聖教不衰。而在法鼓山創辦人聖嚴法師圓寂後，法鼓山應如何繼續擊響法鼓、普傳法音呢？

聖嚴法師曾說：「虛空有盡，我願無窮。我今生做不完的事，願在未來的無量生中繼續推動，我個人無法完成的事，勸請大家來共同推動。」《法鼓山的方向》不但凝聚聖嚴法師的悲願，更是四眾弟子修學佛道的道路，依著護持法鼓山的共願，齊心建設人間淨土。

法鼓山的由來與方向

《法鼓山的方向》原為一本結緣小手冊，出版於一九九五年，可說是當時聖嚴法師帶領法鼓山教團重點性、原則性的指示方向。如同聖嚴法師在〈自序〉所說：「這冊小書，為我們說明了法鼓山的由來及其行事的原則方向。」一在聖嚴法師領眾篳路藍縷創建法鼓山後，四眾弟子便依此方向耕耘人間淨土。

「法鼓山」一名，始於一九八九年購得臺北金山的土地，由聖嚴法師將此命名為法鼓山開始。法鼓山不只是一個新建築的地名，隨著籌建過程而有了僧團、護法會、基金會，以及各會團組織的發展，逐漸形成法鼓山教團，讓「法鼓山」成為社會大眾耳熟能詳的佛教團體名稱。

法鼓山是以教育工作來完成關懷的任務，又以關懷工作達成教育的目的。因此，法鼓山為信眾、義工等單位舉辦各類教育成長課程、共修活動、讀書會活動、研習營等，皆是用佛法來做自利利人的服務，彼此支持、共同成長。只要聖嚴法師在臺灣期間，不論法務如何繁重，總是撥冗給予大眾精神勉勵，而後整理成文刊登於《法鼓》雜誌，並結集為《法鼓山的方向》書稿。讓聖嚴法師對四眾弟子身、口、意行為的殷殷叮嚀，法鼓山道風、發展方向的提點等，能以文字般若醍醐灌頂。

推動法鼓山理念的具體手冊

從一九八九年，法鼓山的創立，到二〇〇九年，聖嚴法師捨報為止，二十年之間，法師對法鼓山、弟子們的殷殷叮囑的智慧法語，猶如無盡的智慧寶藏。因此，《法鼓全集》新編小組於編輯舊版《法鼓山的方向》時，召集人果毅法師即提出，應將創辦人所有對體系成員的開示、致詞等新收文稿，整編為數冊，完整收錄創辦人對法鼓山團體的理念、創建，以及指導方針、方法。期望《法鼓山的方向》能成為四眾弟子修學佛法、護持佛法、弘揚佛法的依歸，全方位理解創辦人的理念、願心，認識法鼓山歷史與團體，實踐人間淨土的願景，並清楚法鼓山未來發展的方向。

為此，《法鼓全集》新編小組重新整編《法鼓山的方向》全部文稿，由果毅法師訂定出六冊的六大主題：理念、創建、弘化、關懷、護法鼓手、萬行菩薩。總書名定為《法鼓山的方向》，即是呈現聖嚴法師對於法鼓山發展的定位、方向。

第一冊　法鼓山的方向：理念

收錄聖嚴法師重要的法鼓山核心思想，介紹法鼓山的理念、共識、使命與願景。〈四眾佛子共勉語〉、法鼓山的共識、法鼓山的使命、心五四運動、法鼓山的四大堅持，皆是四眾弟子應牢記於心的共同理念，皆是凝聚法鼓山願心的方向。

第二冊　法鼓山的方向：創建

介紹法鼓山的創建緣起與歷程，解說法鼓山的參學與導覽，以及教育興學、分支道場。了解法鼓山的開山因緣、教育志向，以及開枝散葉的願力，更能珍惜與護持正信佛教，確信法鼓山的方向，即是此生堅信不疑的學佛道路。

第三冊　法鼓山的方向：弘化

收錄聖嚴法師在各地弘化的演講和開示，以及各年主題年的祝福與期許。主題年的勉勵法語，也成為法鼓山安定社會的一股力量。無論是法會、活動，或是文化、出版，聖嚴法師無遠弗屆的慈悲與前瞻洞見，都能啟發人們的菩提心。

第四冊　法鼓山的方向：關懷

收錄聖嚴法師的生活佛法整體關懷，包括佛化家庭、樂齡長青、臨終關懷、社會關懷，讓人們能以佛法安心、安身、安家、安業，以法鼓山的方向為人生的方向，心安就有平安。

第五冊　法鼓山的方向：護法鼓手

聖嚴法師一生「盡形壽，獻生命」，由每年的各地關懷行、成長活動，對護法會勸募系統開示，以及對僧團的期許，即能感同身受。盡心盡力為鼓手的核心精神，關懷別人、成長自己，此為推動人間淨土的重要力量。

第六冊　法鼓山的方向：萬行菩薩

收錄聖嚴法師對於各會團義工、專職人員的開示，從如何當好義工，應有的心態、身儀、口儀等，都有詳盡解說與提醒，以幫助大家成就六度萬行，成為身心莊嚴、廣種福田的人間菩薩。

每本書的策畫都是為了法鼓山的方向，都能提醒回歸創辦人為弟子們所立下的理念、精神、方針、方法。本套書以「理念」為首冊，即是因為只要偏離理念，即非法鼓山的方向，即非正信的佛教。法鼓山的方向，就是法鼓山的修行道路，就是建設人間淨土的菩薩道。

《法鼓山的方向》是聖嚴法師一生悲願之所在，是他從「願將佛法的好，與人分享」的初發心，逐步踏實的點滴成果。過程中，因有眾人的同行，得以成就法鼓山的這方淨土。因此，這套書更是他願心與願行的成就，是他帶領四眾弟子共同創建法鼓山的實際操作手冊。

這些文章開示，您可能有幸曾在現場聽聞，再次溫習將猶如聖嚴法師身影重現慈悲關懷。即使是三十年前的勉勵、啟迪，也是歷久彌新，依然能深刻感受到一代佛教導師的高瞻遠矚與開創性悲願。

成佛之道的指路明燈

此套書不但是法鼓山發展方向的依歸，更可成為每一個人修學佛法的指路明燈，讓我們以精進不息菩薩行，穩健走在佛道上。選在聖嚴法師圓寂十週年的此刻出版，也是一份對法師的緬懷與感恩。而對法師最好的感恩，就是實踐法鼓山的理念。

因此，《法鼓山的方向》除可幫助個人閱讀成長，可做為讀書會教材，也適合用於教育訓練課程的教案。如果能推而廣之，法鼓山的生活佛法，將能造福全世界，只要邁向法鼓山方向，成佛之道在眼前；只要好願在心中，當下即是人間淨土。

法鼓文化編輯部

目錄

CONTENTS

法鼓山的參學與導覽

教育興學

分支道場

法鼓山的創建

法鼓山的心願

——法鼓山的緣起及未來

去聖時遙　半生苦辛求佛法

未談法鼓山之前，先向諸位介紹自己，以及個人在親身經歷中體會到的佛教教育問題。

我出生在中國大陸的農村，十三歲出家，當時只有小學四年級的程度。在那個時代，寺院裡的用度和出家人的生活所需，多半是靠香火錢，或做經懺來維持。無論出家人或是信徒們，能真正懂得佛法、了解經義的實如鳳毛麟角。這完全是由於佛教界的教育觀念不夠普遍，沒有良好的薪傳制度的緣故。雖然我一心想讀書，但是卻沒有這樣的環境得償所願。

寺院裡有著家教式的私塾教育，剛出家時，學習的佛教經典，就是所謂五堂功課——如《阿彌陀經》、〈楞嚴咒〉、〈大悲咒〉、〈十小咒〉、午供、懺悔文、蒙山等。念這些功課時，我並不知道其中的涵義，以為只要都背會就能當和尚了。很少有人曉得佛教的經典不但可以講解，還可以如法修行。

就這樣，我又度過了一段時期的經懺生活，其間常感到十分困惑：身為佛教徒，甚或出家人，為什麼只單單依照這種方式來接引信眾？而信眾們為什麼只知道信，卻並不很關心為什麼要信？周遭接觸到的人幾乎都認為出家是很可笑的事，學佛變成了迷信……，凡此種種，都讓我感到非常心痛。

十六歲，我進了上海靜安寺的佛學院，裡面的同學都很優秀，我可說是最差的。前後二年多的時間裡，我拚命用功，不過，為了維持佛學院所在的道場，還是要常常參加各種經懺與做佛事的活動。因此，我不禁又想著：難道出家人除了趕經懺之外，就沒有更積極、更具意義的事可以做了嗎？當時，我已知道釋迦牟尼佛和中國歷代高僧大德們，都不是以經懺佛事弘揚佛法，而是用佛教教義和佛經中的義理來指導社會、攝受信眾、普化人間。於是，我便發願一定要好好讀書，深入佛法智慧大海。

可是隨著因緣的變化，一九四九年，局勢動盪不安，我不得不離開上海來到臺灣，而度過了十年的軍旅生活。在那段期間的最後幾年，我努力閱讀佛書，同時寫了不少文章在佛教刊物發表，盡可能將自己有限的學佛心得提供給大眾。

一九六〇年，我自軍中退役，重新披剃於東初老人座下，不禁百感交集。尤其有感於自己修持的不足，對於佛法及經典、論典等都不夠深入，所以就到山中閉關六年。這段時日內除了好好地念佛、拜懺以及禪修以外，也閱讀藏經，一邊看一邊寫了幾本書。我深深感覺到：弘法的人實在太少了！佛法是那麼地好，知道的人卻那麼地少。我們應該廣為弘揚佛法來救濟這苦難的人間。就如同吃到一樣好東西，然後把它的好處告訴別人，讓別人也能夠同樣享受美味與營養。

住山期間，曾經讀過許多有關基督教、天主教的文章，還有些基督教的牧師，以及天主教的神父將他們寫的作品寄來關房給我。這些文章裡都曾提到中國的佛教界沒有人才，佛教徒已經不知道什麼才是真正的佛教，對於梵文原典，根本沒有幾個人看得懂。可悲的是，這並不是妄言。當時我覺得非常難過，發願要好好地深入精研佛法，以便保存、弘揚這人間至寶，讓人人都能獲得它的滋潤與指引。

那時候日本已經有二十多所佛教的相關大學，每一所都由佛教的團體、教會、宗派管理經營。不但有完備的科系、課程可供學生選擇，更有專業教師針對學生個別的差異、因材施教，此外，還有許多研究所供學生更上一層精進修習。反觀國內，卻連一座這樣的學習場所也沒有。因此讓我有一個體認：若要用現代化的形式和觀念來弘揚佛法，就必須學習國外的研究態度和實踐精神，積極栽培大量佛教人才弘法度眾。這方面我們必須以日本的辦學方式為借鏡。於是，我就於一九六九年春天隻身負笈東瀛，希望有一天能落實這個理想。

在日本待了六年多，循序完成碩士和博士學位，真是要感謝觀世音菩薩的加被恩佑。留日前雖曾寫過幾本書，卻都不是什麼高深的學術研究，因為那時真正受到的正規教育只有小學四年，再加佛學院訓練，其他端賴自修。博士論文完成後第一件想到的事情，就是如何報答佛恩。本想回到臺灣提倡或主辦佛教教育，可是當時的客觀條件實在無法配合，連退而求其次教書都無法如願。所以只好暫時接受美國佛教會的邀請，去了紐約。就這樣又過了一年多，先師東初老人——中華佛教文化館的創始人圓寂了，我只得匆匆束裝返臺。

報答佛恩　篳路藍縷啟學林

中國文化學院創辦人張其昀先生得知我返國的消息後，很希望我能接辦文化學院的中華學術院佛學研究所，因此委託潘維和院長和李志夫教授來邀聘我擔任所長。在沒有信徒基礎和經濟後援的況遇下，我接下了這個職務，並得到華嚴蓮社成一法師與幾十位信徒的支持。

兩年後，張其昀先生建議我招收研究生，在一九八一年，我們真的有了相當於碩士班的學生，第一屆共錄取八位，三年修業完成後，成果非常好。其中有一位目前正在美國威斯康辛大學深造，攻讀博士學位。雖然國內依現有學制，教育部並不承認佛研所畢業生有碩士學位，但是由於這位學生成績極為優秀，外國學校竟然承認她在本所修的十四個學分，這實質的鼓勵使我們感到非常高興。而另外幾位畢業生有的在教書，有的正在協助我工作。

可惜在招收三屆研究生之後，張其昀先生不幸過世了。在他住院長期療病期間，校方通知我們：由於在人事上、辦學政策上都有所變動，佛學研究所以後不許再招生了。在這種情況下，中華佛學研究所便應運而生。所址設在臺北市北投區的中華佛教文化館，以將近六百坪的館舍為所址，再加上兩百坪左右的公寓做為教職員和學生宿舍，迄一九九〇年，中華佛學研究所也已經招收了四屆學生。先後共計七屆，每屆學生的程度都很好，有僧俗、男女的四眾。畢業生中先後有七位到日本去深造，分別進入東京、京都、名古屋、筑波等著名的學府，也多半能獲得日本政府所提供的獎學金。

在招生之初，我們要求的素質便很高，師資和課程的安排更是煞費苦心。由於要貫通經典、論典及佛教原典，所以學生必須學習多種語文。除了具備相當的中文程度以便看懂佛經、論典外，還須參考日文，所以也要懂日文。將來的目標是將佛法弘揚到世界各地，所以也得懂英文。佛教原典是由梵文寫成的，梵文自然也得懂；同時佛教有兩派分支，一派傳到西藏，另一派傳到錫蘭、泰國、緬甸等地。許多後期的佛教經典流入西藏，並發展成高深的佛學，我們希望把藏傳的佛法再介紹到中國來，所以也要求學生研習藏文。而傳到南方去的是借重於巴利文，也就是早期的印度古文，要懂得原典，巴利文也是不可少的「鑰匙」。看到這裡，讀者們也許也能深深體會出他們的課業如何繁重、緊湊了。

留在國內的畢業生們，有的自己辦了佛學院、佛學研究所，有的則在各佛學院所任教職，辛勤地培育後進青年，他們個個都受到國內外的肯定和歡迎。

傳火傳薪　佛化教育待開展

辦佛教高等教育的目的，是在培養人才之後，由他們帶動更多的人才。換言之，一位畢業生在日後繼續深造，如果成為國際性的佛教學者，不但能為國爭光，更能為中國佛教向世界傳播邁進一步。如果在國內，也可以辦教育文化事業，再培育更多能弘法利生的佛教菁英。如此一來，弘揚佛法的層面就會更廣、更深遠，不但能使正信的佛教受到普遍的重視，也能將正信的佛教傳遍於社會的每一個角落。

至於為什麼我們要擴遷中華佛學研究所到法鼓山去呢？主要有兩個原因，第一是十年來我們佛學研究所一直在增加設備和工作人員，老師由過去的兼任改為專任，學生讀書的環境也不敷使用，過去是採用班級集中上課的方式，現在則慢慢轉變成老師與學生一對三乃至一對一的方式，學生的注意力更為集中，學到的東西也就更多。因此，宿舍、教室、圖書館的數量及空間都不夠用了。另外，我們還在開發文化出版事業。由於拓展的方向多了，教職員的人數增加不少。從前研究所裡沒有使用電腦，現在也需要用電腦來處理資料。在各方面都感受到必須擴建場地，才能配合發展。

另外，農禪寺也面臨一個大問題，因為寺址本身是一塊農田，不是建築用地，但是目前已有將近四十人來跟我出家；而在修行活動方面則有念佛會、禪坐會的定期共修及星期日的講經，參加人數愈來愈多，雖然已因此而擴建房舍，但是場地仍不敷使用。更迫切的是為了配合臺北市關渡平原的開發計畫，僅僅不到一甲地的農禪寺將來可能有一半以上的土地會被徵收為公共設施之用。基於以上兩個原因，我們必須遷移到另外的地方。

一九八九年三月底，我們集合了念佛會近千位會員一起念〈大悲咒〉，希望能得到觀世音菩薩的加持。結果，很快地在臺北縣金山鄉三界村便有一塊地願意轉讓給我們。只花了三天的時間，簽字就完成了。

法鼓山未來的藍圖是這樣的：

（一）研究所

每年招收大學畢業的優秀青年五至十名給予三年密集教育。同時比照各公私立研究機構，聘請具有講師、教授資格的專家學者分別擔任授課老師，及各種佛教主題和佛學專題研究員。繼續發展成立各種研究所，如法華、華嚴、禪、戒律、西藏、巴利文等有關學問的專門研究。

（二）佛學院

1. 大學部：比照一般大學，每年招收具有高中畢業程度的學生，將來也是研究所碩士班學生的主要來源。

2. 高級部：每年招考初中畢業程度的學生，給予三年教育。使初中程度的佛教徒可以進入高級部就讀。

3. 短期班及函授部：為四眾弟子開設各種短期的佛學班及學佛訓練營，不限年齡、層次與教育程度；也為有志於學佛而無法親自到校上課者，開設各級空中教學及函授課程，給予有層次、有系統的教育訓練。

4. 繼續發展成立多科系及多院的大學。

（三）國際禪修中心

未來的法鼓山，將以現代化的建築，建立一座可容納二百到三百人同時禪修或舉辦禪七的禪堂。目前國內缺乏較具規模的禪堂，一般的禪堂也不夠完善，因此我們採用現代化的建設，也就是光線、音響，以及室內空氣調節、溫度控制均臻完美境界，配合四周自然、寧靜、柔和、明麗的環境，一進去就有一種安詳的氣氛，很容易安下心來進入修行狀況；同時提供個人長期或短期禪修的關房，只要適合條件，自己能修行，我們提供方法的指導及修行的環境，來成就有志於修行的人。

（四）國際弘化中心

四眾佛教徒分成男女二大院，從事長短期的弘化進修活動。舉辦念佛、禮拜、讀誦，以及各種大小型的共修、講演等。

（五）編譯出版中心

聘請大學及研究所畢業的優秀佛教人才，以及我們自己訓練及教育出來的優秀人才擔任編輯、出版的工作。有系統地把中文佛教的經、律、論三藏，以及歷代各宗祖師們的著作，編輯成一套一套的叢書。為便於考察所需要的資料或所需經、律、論的原典所在，有層次地編輯各種工具書。同時也要把梵文、藏文、巴利文的聖典翻譯成漢文。梵文的翻譯工作，從中國的漢朝開始一直到宋代都繼續進行著，直到現今，還有若干梵文的典籍值得翻譯成漢文。

以印度佛教的源流來說，西藏佛教是屬於晚期的大乘佛教，相當於中國唐末和宋代時的佛教。當時有很多佛經並沒有傳過來，而幾乎全部都傳到西藏去，所以我們需要有人把藏文的佛典翻譯成漢文，讓漢文世界的中國人或其他國家的人能運用藏文的佛教聖典。

南傳的上座部，亦稱為南傳佛教，如錫蘭、泰國、緬甸地區，他們的佛教聖典是用的巴利文。那是印度的古文之一，我們至今還沒有將全套的巴利文聖典翻譯成中文。研究巴利文聖典的人很少，若只是將巴利文的聖典全部翻譯成漢文，就需要有人研究或學習巴利文，才能真正對上座部或南傳佛教的聖典了解。同時，最近這一百多年來，歐美、日本等地許多先進國家，對佛教的研究著作也非常多，成果輝煌，我們需要把它介紹給漢文世界。同時，由於時代需要的不同，我們也當用現代人的角度大量以現代語介紹佛教給現代的人。這些工作正是我們中華佛學研究所未來努力的目標。

（六）舉辦國際佛學會議

國際佛學會議是為了使全世界研究佛教、佛法的人來共同討論、互相切磋、彼此砥礪，使佛法的弘揚層次提高，並擴大視野，而且讓愈來愈多的學術界人士重視佛法、重視佛教，進而能夠把佛教真正地推展到社會上每一個角落，使現代人和現代社會都能得到佛教精神生活的利益。

（七）清修安養的環境

將來法鼓山的另一種特色就是清修安養的環境，這跟以上所講的研究、學術、出版稍有不同，而是提供一般信眾修行的環境。所謂修行環境跟禪堂不大一樣，禪堂是短期或長期的禪期修行，如打禪七。而這清修安養的環境，就是一般信眾在休假時或退休後，需要一個安靜的佛教環境給予他們做為修行、修養的地方。我們希望將環境建設成真正的人間樂土或淨土的縮小樣本，在整個環境裡，讓人感覺到生活在現實的極樂世界，或者感覺到彌勒佛已經來到我們人間，或像是我們的人間已經處在佛的時代了，到處都是那樣安詳、和平、清淨、安定、光明，到處有山有水，花香鳥語，風光明媚，使人非常舒適、愉快地居住其中，跟現代都市文明連接卻沒有它的麻煩與困擾。

（八）建築物及其特色

這就是我們將來建設的目標，需要眾志成城的力量才能辦得成功。至於建設計畫將分三期進行，第一期工程重點在於興建教育大樓、佛殿、佛堂、圖書館、會議廳、演講廳、男女眾寮房等硬體建築，而男寮、女寮包括僧、俗兩部，還有齋堂、大停車場。依目前估價經費約需十二億二千萬，正確數目要到發包時才知道。第二期工程：建立法鼓人文社會大學，及第三期工程裡有世界佛教文教中心（包括佛教歷史文化博物館、世界佛教圖書館、世界佛教編輯館）、佛教修養中心等。

法鼓山將來的建築有什麼特色呢？跟現在一般宗教的建築有點不一樣。當今寺院的建築都是古代宮殿式的型態，目前臺灣的寺院建築多半是仿清朝宮殿式，這可以從北京的故宮和臺灣幾個比較大的寺院建築相對照而觀察出來；如果到日本參觀，亦可看到京都或奈良的寺院建築，可分成兩種不同的宮殿形式，乃是模仿中國唐朝和宋朝的建築；而中國明朝的建築仍存在於大陸，像焦山和金山道場。可是在我們構想中，法鼓山的建築，是現代佛教、現代人的建築，特別是今天，有關環保生態的維護也非常重要。法鼓山將有鄉土本色、有佛教的感受和精神，也有中國文化的內涵，再加上現代文明、現代人對空間環境的需求，現代的聲光、空氣、溫度的調節和裝置設施等。

山上的房舍，盡量配合著山上的地形而設計；依著山的形勢、高度來建，使落成後的建築物，就好像山上生長出的一個自然景觀，人一走近就有賞心悅目的舒適感覺。它是有機體的建築，也就是說這建築是有生命，而不是僵硬無生命的。希望我們的建築具有時代性，不是在幾十年用過之後就需要拆掉重建，而是在三、五百年之後，還有使用的價值，即使有人想拆掉重建也覺得很可惜。所以凡是參與整個建設工程及捐獻者，將會永遠令人懷念，其芳名亦永久鐫刻在法鼓山上，在幾百年或幾千年以後，讓後人了解在二十世紀的臺灣，曾經有多少人在佛教上奉獻，而法鼓山究竟產生了什麼樣的力量和影響。

提昇人的品質　建設人間淨土

我曾提出兩句話做為法鼓山的理念：「提昇人的品質，建設人間淨土。」提昇人的品質，是使每一個人從佛法的修學、體認裡，達到人格健全、人品提高的效果，也利用個人對佛教、佛法的認識，而影響我們家庭裡所有的成員，進而影響到周遭所有關係人；社會上佛教徒愈多，佛法推行得愈廣，社會就能漸漸變成路不拾遺、夜不閉戶的人間淨土。

至於「法鼓」兩字的出典有多處，大家熟悉的《法華經》裡就有兩處提到「法鼓」這個名詞，《法華經》卷三言：「唯願天人尊，轉無上法輪，擊于大法鼓，而吹大法螺，普雨大法雨，度無量眾生，我等咸歸請，當演深遠音。」

意思是說：唯願偉大的人天導師釋迦世尊，給我們開示無上的佛法，就像擂擊大鼓、吹奏大螺一樣喚醒世人，並普降大法雨，滋潤人心，以廣度無量的眾生，讓我們一同禮請佛陀，開演甚深難得而永遠常新的妙法之音。

所以「法鼓」的意思，是以佛法的鼓聲，像暮鼓晨鐘般地振聾發聵，使聽不進佛法的人也能聽得懂，使從未見過佛教的人也能看得見，祈禱並期待人人都能夠得到佛、法、僧三寶的利益，人人都能沐浴在慈悲與智慧的光明之中。萬善齊資，普世和樂，讓我們這個世界到處因著佛法的利益而快樂，使人間社會成為健康、和諧、富裕、知足的樂土。

「法鼓」的另一意，是用鼓聲來比喻佛法的功效、作用。鼓在中國原本是兩軍交戰時軍隊衝鋒陷陣的號令；在印度，鼓的作用也是如此。所謂一鼓作氣，意思是擊第一陣鼓就能克服敵人的意思。而「法鼓」之意是只要說法弘法，所有的眾生聽到法音宣流之後，一切煩惱、瞋怨、懷疑、驕慢，便會通通放下，而且很順利地接受佛法的輔導、指引，進而做一位非常善良、和平而積極行善的人。

一九八九年三月底，我們覓得位於臺北縣金山鄉的本山，以其地理形貌而言，左似青龍昂首，右如白虎低頭；左視高崗如古鐘懸空，俯瞰本山似大鼓縱臥，故而命名為「法鼓山」。

佛陀出現在人間，是以人類為主要的攝化對象。近世以來，中國佛教所有的大師們，也都提倡以人為本的佛教精神，如太虛大師主張「人成即佛成」的人間佛教，東初老人倡辦《人生》月刊等。而法鼓山的理念，也朝著這個方向來努力。如何「提昇人的品質」？可以從三個方向著手，那就是教育、道德與宗教。

不過，現代的學校教育、家庭教育、社會教育，對於人品的提昇，已感無奈與無力。古代教育家的責任，在於傳道、授業、解惑。目前的學校教育，多半僅能做到知識及技藝的傳授而已，既沒有傳道，亦未能解惑。

道德是指倫理綱常的各如其分，但也只能約束一部分衛道之士，卻無法約束不守道德的人。因為道德往往只規約人們不可做壞事、不可不負責，否則便是沒道德。可是現代人很少考慮道德問題，只要不犯法、不坐牢，在法律邊緣和法律空隙中活動，縱然不道德，又能對他們怎麼樣呢？所以在今日的社會，提倡道德觀念或道德意識，已經很難產生如期的成效。

宗教是畏天、敬神、問心無愧。人生於天地之間，普遍並且經常受到神明的呵護、監視。神明有賞善罰惡之能。做了好事，神清楚；做了壞事，神知道。所以一般的人講「舉頭三尺有神明」，又說「你知、我知、天知、地知」，指的就是宗教。大惡下地獄，上善升天堂，所以，宗教的信仰，既有嚇阻作用，也有鼓勵作用；可知宗教信仰，比諸道德觀念更富積極意義。

故在西方世界，除了共產集團之外的任何國家，都重視宗教信仰。所謂無宗教信仰的人，那便是唯物論者。唯物論者，有可能是很傑出的人才，也可能是很危險的人物。

佛教闡揚因果及因緣的信仰，相信三世因果，所以要對各自的行為負責，遇順境不驕傲，遭橫逆不失望。自己掌握自己的命運，所以一方面有責任面對多樣化的現實，另一方面，又有希望去創造理想中的未來。佛教的信仰，即能使人由衷地改過遷善，尤其能夠使人平心靜氣地接受現在，再接再厲地開創明天。

布施的人最有福　行善的人大功德

信仰佛教可分為三個層次：

第一，信佛修善，可以獲得諸佛菩薩及諸大天神在冥冥中的呵護。所謂善有善報、惡有惡報，只要做功德就有回饋，只要以好心待人，諸佛菩薩一定會照顧我們，幫助我們。因此我常講：「為善者最樂，布施者有福。」對人、對事只要有益於人，就應竭盡所能地給予協助，當別人的問題得到解決時，我們也會覺得感同身受，而得到快樂。

第二，布施是最有福氣的，等於在銀行存款一樣，存得愈多，自己信用愈好，安全也愈有保障。佛經裡說財富是五家共有：1. 水災；2. 火災；3. 強盜、土匪；4. 不好的政府和政策；5. 不肖的兒孫。因此自己的財產不管有多少，生不帶來，死也不能帶去。然而布施是存入無形的銀行，最安全、最寶貴，也最可靠。如果我們把錢布施出去，功德永遠存在，不必擔心任何人破壞，或被誰搶走。金錢的使用應該是由自己來支配，做自己能做而覺得最有意義的事，就是最好的存款方法。

修學佛法可以得到種種感應，並且使精神昇華。所謂得到的感應是我們希望能消災免難和增加福報，得到貴人的相助，都是要從布施中而來。精神的昇華則是在經常布施的過程中，使自己的貪心減少，而瞋心也會隨之減少，當我們貪心、瞋心減少的時候，實際上我們的人格不但穩定而且提昇了。第三，最高的境界就是無相、自在和解脫，也就是為善不求回報、不求回饋，做好事不為名聞，不為任何目的，做好事就是做好事。這是最高境界，也是菩薩的行為、佛的心量。

佛教的心量有這三個層次，所以能夠信佛學佛，奉行佛的教化，必定可以提昇人的品質。信仰佛教的人愈多，佛法流傳愈廣，社會成分愈好，人間淨土的實現也就愈來愈近了。

（本文係於一九八九年九月二十六日為法鼓山中華佛學研究所護法理事會諸會員所做開示，原收錄於法鼓山小叢刊《法鼓山的心願》）

法鼓傳法音

法鼓山的前身

中華佛學研究所是從附設於中國文化學院的中華學術院佛學研究所衍生而來。

一九七八年，我應聘擔任中華學術院佛學研究所所長。當時只有所長、副所長、助教三人，還沒有老師及學生，工作重點為每年出版一期《華岡佛學學報》。

一九八一年，第一屆學生招生，計錄取八位研究生，之後每年招收五至八位大學或三專畢業以上之研究生。

一九八三年，由於文大之創辦人張其昀先生因病住院治療，而文化大學又改制，故於一九八四年奉命停止招生。

一九八五年，假臺北市北投區中華佛教文化館為所址，並創立「中華佛學研究所」開始再度招生，迄今已招考了六屆。合諸文大時期，中華佛學研究所已有近十年時間。在文大時代，只有通信研究員、兼任老師，至此期則有專任研究員。

一九八六年，增加專任研究員，目前（一九九〇年度），計有專任研究員四名，專任副研究員五名，專任助理研究員三名，其中有來自美國及德國，亦有留學於印度、日本的。研究生畢業後，有留學於美、日，或主持佛學研究所教務，或執教於佛學院及佛學研究所，或服務於佛教文教單位。

於一九九〇年度為止，共有五位公費留學生，他們皆為考取日本交流協會提供的獎學金，而留學日本。其中三名在東京大學、一名在京都大學、一名在名古屋大學就讀。另有一位在美國威斯康辛大學，預計明年（一九九一）將取得博士學位。

法鼓山的由來

（一）為什麼要有法鼓山

1.正由於設址在北投的中華佛學研究所的人員愈來愈多，教學設備也愈加擴充，場所不敷使用。另外，研究所畢業生亦逐年增加，為了能讓他們繼續深造、研究，及增加他們學以致用的機會，佛學研究所必須擴大範圍，換句話說，未來的法鼓山將延續佛學研究所基本的功能，擴增成為人才的培育、儲蓄、聚集，以便於弘化、推展教育事業的基石。

2.目前佛學研究所使用場地，如前所提，乃是向中華佛教文化館商借，而該館則為另一財團法人，其建築物幾乎全為佛學研究所使用。

3.近年來，由於農禪寺的住眾及參與經常性共修活動的信眾愈來愈多，致使本寺之場地有日漸狹隘之感，尤其當「關渡平原都市計畫」實施後，農禪寺所能保有的土地面積僅約一千坪。其中能建地只有百分之十五至二十五，約三百坪左右。不但不敷使用，且依政府高級住宅之規畫，屆時是否尚能取得一塊完整、實用的土地亦未可知，在重行分割規畫後的小地方事實上已難做為較大規模的念佛、禮懺、講經、弘法之用。

（二）法鼓山的感應

基於以上原因，我們便四處找地找得相當急。結果在一九八九年三月二十五日，接受一位護法居士的建議，在農禪寺的念佛會共修時持〈大悲咒〉求地，我順應了大眾的要求，即在念佛會，領導全體同修虔誦〈大悲咒〉二十一遍，當晚到有將近千人。

三月二十八日，農禪寺開始打清明佛七，在佛七期間的四月三日，有位林顯政居士告訴我：「金山有塊地，請師父去看看。」當時，我不假思索地告訴他：「金山沒有我們要的好地，不去！」中華佛學研究所的董事方甯書居士知道此事之後，以為無論如何一定要去一趟，因為不在看地，而在弟子的熱心須有回應，於是由方居士代表去看。回來後，他告訴我：「這塊地，若打分數的話，大約有六十至七十分，值得去看看！」於是便在當天下午抽空前去臺北縣的金山鄉看地。

此地原為全度法師所擁有，他在這個地方已經營了六年多。原來，他買地之後，有人建議，這塊地很適合蓋佛寺，但是在他把佛寺蓋好後，卻找不到合適的人來住持。於是又有人建議他，既然找不到人，何不自己出家經營呢？於是，他便現了出家相，接著，他母親也出家，一起照顧這個地方。由於全度法師已逾中年，人手又不足，加上種種因素，經營得相當辛苦，而想轉讓他人，找了許久，也無合適的人選。

就在我們持誦〈大悲咒〉的第二天早上，全度法師也念了二十一遍〈大悲咒〉，祈求早日有合適的人來接管此地。接著，他便到北投的佛恩寺，正巧遇到林顯政居士而談及這個地方。我們也以極快的速度，於四月四日的下午談妥了條件，簽訂了一共十八甲土地的移轉契約。當天我們尚在佛七期中。

後來從全度法師那裡得知，他是在六年前的七、八月間，開始經營那塊地。就在那時候的農禪寺，因大殿不敷使用，而將佛像位置由朝西南轉向朝東北，加以擴建。目前本寺大殿的佛像正好向著大屯山，穿越過大屯山便與法鼓山遙遙相望。所以全度法師說，他好像在為我們找地、看地似的。

（三）法鼓山的命名

為何將此山命名為法鼓山？有下列五點原因：

1.以這座山的地理形貌而言，左似青龍昂首，右如白虎低頭；左視高崗如古鐘懸空，俯瞰本山似大鼓縱臥。

2.此地屬金山鄉，經過山下的三界村，上山即進入坐落此地的西勢村，若在此處撞鐘擊鼓，其聲響徹三界村，村民聞聲，象徵超越三界。

3.弘揚佛法即如兩軍相對，一鼓作氣，衝鋒陷陣，所向披靡。佛法之鼓，如「塗毒鼓」，眾生聞者，無不調伏，心中貪、瞋、癡的三毒，無不消除。

4.一九八二年，我在美國紐約創設的英文佛書出版社，即以「法鼓」為名。

5. 一九八九年開始，東初出版社開始將我的著作，預定編集成一套有系統的書，命名為《法鼓全集》。

綜合以上五點因緣，故將本山命名為法鼓山。

「法鼓」的意思，是以佛法的鼓聲喚醒所有的世人，振奮人心，提昇人品，正像暮鼓晨鐘般地振聾發聵，使愚頑如聾子的人也能聽得到佛法，使癡迷如瞎子的人也能看得見佛事，期望人人都能夠得到佛、法、僧三寶的利益，時時都沐浴在慈悲與智慧的光明之中，萬善齊資，普世和樂，讓我們這個世界到處都能因著佛法的普施而健康快樂，使得大家共同來建設和諧、富裕、知足和清明的人間淨土。

「法鼓」的出典有多處，大家熟悉的《法華經》裡就有兩處提到「法鼓」這個名詞，《法華經》卷三言：「唯願天人尊，轉無上法輪，擊于大法鼓，而吹大法螺，普雨大法雨，度無量眾生，我等咸歸請，當演深遠音。」意思是說：唯願偉大的人天導師釋迦世尊，開示我們無上的佛法，就像擂擊大鼓、吹奏大螺一樣，喚醒世人，並普降大法雨，滋潤人心，以廣度無量的眾生。讓我們一同禮請佛陀，開演甚深難得而永遠常新的佛法妙音。

農禪寺與法鼓山的關係

農禪寺初建於一九七五年，為中華佛教文化館的下院。在一九八二年之前，所有弘法活動均在本館，一九八二年後，由於本館拆除改建，大部分的活動逐漸移至農禪寺。近十年來，農禪寺已成為臺灣佛教界相當知名的寺院。

農禪寺原為農舍，最早的建築物僅為二層樓的一棟農舍，上下不過一百坪。我於一九七七年回國時，住眾有四人，不久，二位移住文化館，二位離去。之後，美國佛教會的駐台譯經院由新竹遷移至此，但因種種因素，不到一年便告結束。本來譯經院所屬人員，最初只為譯經而來，由於我接管之後，教他們打坐、修行，這個時期，他們以為譯經可以停止，但修行不能終止，因此之故而成立「三學研修院」，共有學員十人。嗣後陸續增加，至今日的住眾人數已近四十位。

現在將農禪寺的活動及工作項目列出如下：1. 一九七八年，農禪寺開始舉行週日講經法會，之後，又接著舉辦禪七活動，逐漸演進，而有週日禪坐會，目前（一九九〇年），會員達一千餘人。2. 一九八三年起每年舉辦清明佛七，之後有週六念佛會，目前（一九九〇年），會員約一千六百人。同年又有禪訓班的開始設立。3. 一九八七年起，舉辦每月一次的大悲懺法會，最初，唯有常住眾十幾人共修，開放迄今，大殿已容納不下。4. 東初老人自一九五六年起每年舉辦冬令救濟，周濟北投及臺北地區貧戶，截至目前為止，每年受惠地區、對象、人數、金額逐年增加。5. 東初老人時期已有的慈善放生會、觀音消災會，及後來的教經班，皆在文化館舉辦。

以上的弘化及共修活動，除北投地區外，同時也帶動了臺北地區信眾的修持。除此之外，另有文化出版事業的發展：1.《人生》月刊，於一九四九年五月創刊，至一九六一年十一月後，因我入山閉關而停刊，至一九八二年八月以雙月、報紙型復刊，至一九八四年十月恢復每月發行。最初，每期發行兩千份，迄今則達每期三萬七千份。2. 一九八〇年五月成立東初出版社，至今已出書五十多種，其中主要是以我的著作為多，計有三十幾種，而《正信的佛教》、《學佛群疑》發行量最多。又有十來本佛學小叢刊大量印贈。3.一九八九年，由熱心的護法居士發起成立「中華佛學研究所護法會」。同年創立《法鼓》雜誌，報導中華佛學研究所及法鼓山建設、勸募相關事宜，發行對象為所有護持會員。

另外，不定期至中、南部等全省各地演講，影響亦廣，但主要還是以北部為主。以上之種種皆是與農禪寺相關之僧俗四眾共同努力所致。

本來以祖庭中華佛教文化館為根基，而今則以農禪寺為主導。以農禪寺之住眾、相關信眾為主要支持者，照顧著中華佛教文化館、中華佛學研究所，並且經營、推動法鼓山的建設。

法鼓山的未來

法鼓山地處臺北縣金山鄉，目前交通可由陽金公路或淡金公路到達。將來則有高速公路直達三芝鄉，路程縮短一半，約三十至四十分鐘可抵達。除公車之外，未來將設有交通車接送，及直昇機停機坪。

在法鼓山的文宣中，第一期工程配置圖，共列二十一項，以下依次說明（亦可參看法鼓山建設之模型）：

（一）入口大門：在二條溪的會流處。二溪交會至大門處合流，將法鼓山環抱其間，因其向正前方曲折、蜿蜒而下，故名九曲溪。在登上法鼓山之前，有二座橋，皆名法輪橋。過法輪橋一號，即可拜山。未到法輪橋二號之前，路旁有一座土地公廟，終年鎮守其處，可說是法鼓山的守護神。

（二）停車場：有二甲多地。待第二期工程完成時，則為佛教歷史博物館。

（三）廣場。

（四）前庭。

（五）中庭。

（六）辦公室。

（七）接待大廳：四面房子，中有一水池。為董事長及方丈的會客處，也是全山的辦公中樞。

（八）第二演講廳：共分上下兩層，用作集會演講，同時也是齋堂，各可容納三百人用餐。

（九）男眾部宿舍、女眾部宿舍：僧、俗分開，也可容納短期參訪或修行者住宿之用。全山各獨立成棟之宿舍內，均各設置小型佛堂及禪堂。

（一〇）半地下聯廊：連接於每棟建築物間，一半在地面以下，從表面看，若隱若現，可供雨、霧、風時使用。另外，也為年老者或行動不便者考慮設置電動交通車。

（一一）第一演講廳：即大殿，為法鼓山之中心位置，乃龍脈之首。有地理師云：若占此地，即可帶領鄰近諸方。建築形式，從外觀看，為現代西方式；內部設置則將採取唐宋佛寺之氣氛與精神，融宗教信仰與藝術價值於一堂。前面的部分採用透明屋頂，共計可容納二至三千人。

（一二）聯廊及涼亭，可通向禪堂。

（一三）研究所行政大樓：包括研究所的博、碩士班、大學部、高中部、函授部、空中教學部。其師資人員，即教授、副教授、講師，而以研究員、副研究員、助理研究員等名稱聘任之。

（一四）圖書館：預定藏書十六萬冊，以佛教典籍為主，並收藏世界各種語文之佛教《大藏經》。另如故宮之藏有古代典籍，而本館將以收藏所有明清時代之圖書為特色，包括以佛教為主的宗教、文學、哲學等，目前已著手蒐集目錄。

（一五）國際會議廳：設有同時翻譯數種語言之裝置。

（一六）教職員宿舍。

（一七）關房：經資格審定合格者，不論僧俗均可參加長短期的閉關。

（一八）禪堂：可容納二至三百人同時打坐、打禪七，任何人只要資格符合者均可參加。理想中，希望當你一進入禪堂，食、宿，均一併適用，如大陸禪堂，一進堂，要到解七後才出堂。另外，希望禪堂係採用現代科技處理聲光裝置，自動控制溫濕度，以達到空氣流通、光度柔和的修行空間。

（一九）安養中心：提供老年人或年輕人之修養與修行之處所，將於第二期工程考慮之。

（二〇）佛教歷史博物館：蒐集庋藏及創作世界性的佛教文物，將於第二期工程完成之。

（二一）相關的教育設施：1.函授部及空中教學：為不能上山聽課之僧俗四眾而設立。2.層次化之教育：一年之中，舉辦各種分齡、分等、分類而適應當前社會所需之修學、修行活動。3.梯次性之教育：將同一層次的活動，分成幾個梯次舉辦。

法鼓山的理念——提昇人的品質，建設人間淨土

（一）法鼓山的理念和目標

法鼓山的理念，係指法鼓山所傳播的佛法，對於全世界的國家、社會、家庭乃至每一個人所產生的安定、和平、康樂、淨化的效用。

如果法鼓山的理念，只能實現在法鼓山，不能說不好，但是它的範圍太小了，所以法鼓山並不僅在臺北縣金山鄉那座山頭，而是凡和法鼓山有關聯的每一個人、每一個家庭、每一個社團，乃至於全臺灣、全中國、全世界，都屬於法鼓山的範疇。

（二）為什麼要推廣法鼓山的理念

近年來，國內外的社會秩序紊亂不堪，細究其因，人心不安定是其主導。目前的社會，太重視功利主義，在做任何一件事的時候，皆以「自我利益」掛帥，導致只求私利不顧公益，人心惶惶，失去了價值判斷的準則。其實，公平合理的功利主義是值得鼓勵的，只求目的而不擇手段的功利主義卻會腐蝕人心、危害社會，也必殃及個人的。

自己不下工夫付出代價，卻只想撈取現實的利益，這是不合理不公平的，會造成社會的失衡，為自己帶來危險。

我曾經在北投街上遇到一位中年婦女，她告訴我說：「北投地區出現了許多金光黨，他們是一群人的組合，其中的一人扮演癡呆傻瓜，他總是帶著一大堆的金條、寶物及鈔票在街上遊逛，圍繞在他四周的同黨會到處散播耳語說：『只要我們用方法騙他，這些金條、寶物全是我們的，你跟著我一起去騙他，到手時，你拿多的，我們拿少的。』就有人願意占這種小便宜，領出銀行戶頭裡的錢，和這群金光黨交換自以為是黃金、鈔票的假東西回家，打開後才發現是一堆花生、廢紙。嚎啕大哭：『我倒楣了！我上當了！』已無濟於事。」我說：「這種人上當是應該的，為什麼就想貪圖非分之財。金光黨就是欺騙那些專想貪圖非分之財、心態有問題及貪心病很重的人。」

其實，我們每一個人的內心深處，多半存有貪圖非分之財的念頭，好像飢餓的一窩老鼠，隨時都準備溜出來找食物吃。此從搶購大家樂、六合彩、大炒股票時的那股貪勁中可見一斑。明明這家公司的股票價值很低，硬是把它炒得很高。只要自己能夠賺到錢，其他的後果就不關我的事了！然而，社會是一個共同體，彼此之間都是休戚與共，如同大家共飲一處水池的水一樣，如果自己不愛惜水質的乾淨，任意解大小便進去的話，自己也會喝到這些汙水。

（三）社會病態的原因——貪、瞋、癡

處身這個時代，泰半的人都覺得沒有安定感，生活不能獲得充分的保障。許多人都認為世風日下、人心不古，其實，這種論調不一定正確。

從釋迦牟尼佛時代開始，眾生的心中就有三毒：貪、瞋、癡。正因為有這三毒，所以造下殺、盜、淫、妄種種的惡業，因而產生了生、老、病、死的果報，在我們生的過程中，經常會遇到各種的病痛，也會碰到風災、水災、火災、地震、戰亂等各種災難，這就是貪、瞋、癡造成的惡報。

（四）建立正確的心態——認識因果觀念

曾經有殘障者提出他們的抱怨說：「佛教不公平，佛教認為害病是因為造下了惡業，所以得到果報，而殘障人士也沒有做壞事，卻成了盲、聾、啞、瘸、跛，這是不公平的。」我答覆說：「佛並沒有說你們這一生做了壞事，所以變成這樣。」

佛教的教義是要解除眾生的煩惱，不要讓大家怨天尤人，既已得到這樣的

結果，就應當面對它，不要怨恨，與其怨恨生煩惱，不如樂觀奮鬥，這不是很好嗎？

佛法講三世因果，講過去造的善惡業，今生受的樂及苦，就是告訴我們要平心靜氣、不要怨天尤人，雖然前世的事我們並不知道，但是一定要相信它「有」，不要相信它「無」，否則會產生忿忿不平之心。相信它「有」，至少可以解釋我們為什麼會變成目前的這個樣子，佛法的作用，就是要我們心平氣和、面對現象、繼續努力。

相信過去，就會相信現在；想到現在，就會想到未來，為了未來，我們一定要未雨綢繆，一定要有存好心、做好事的觀念，並付諸行動，這是因果的觀念。如果能將這樣的觀念讓自己、家人及世間所有的人享用的話，我們的社會自然就有安全、安定的保障，人心也會獲得充分的安全感。

所謂沒有安全感，就是經常擔心著不知道明天與後天會發生什麼事？或者對未來充滿了不安定感。

站在佛法的立場，一切唯心造。社會的好壞、個人的安危、家庭的和樂與否都與我們的心理活動相關聯，一旦觀念有問題，一切事都會有問題。

我們的心理要健康，不要總是東怕西怕，自己嚇唬自己，要相信生死有一定的原因，只要行得正、做得直，常存慈悲心，多念阿彌陀佛、觀世音菩薩、地藏王菩薩，心裡不擔心，就會得平安。

平安，是自己帶給自己的，不是別人給予的；同樣地，家庭的平安也不是你自己一個人可以給的。因此不要老是掛記家裡的不平安，只要照著佛教徒的本分去做，家裡一定會平安，如果老是擔心孩子不用功、不念書，希望師父加持、念咒，凡有這種人，我就會告訴他：「別擔心，每一個人都會有他一定的福報，許多從小不讀書的人，長大之後卻成為大老闆、董事長。孩子不想讀書，將來可能會回心轉意想要讀書，也有可能在他需要的時候，他會用功讀書。你可以替孩子念阿彌陀佛或觀世音菩薩的聖號，同時布施貧窮，供養三寶，為他培福祈福。」對兒女，應該鼓勵他們自己獨立起來，是應當照顧他們，但卻不要擔心他們；對事業應當有計畫有眼光，再加上不斷努力，但卻不用擔心成敗得失，這也是佛法講的因果觀念。

佛典已經把因果觀念闡述得很清楚，「各人吃飯各人飽，各人生死各人了」，就是至親眷屬，也無法彼此替代，各人有自己的前因，也各有自己的後果。現世是由前世來；未來是由現世去。如果存有這樣的觀念，就不會為未來擔心，不會為現在失望，不會因為目前的幸運而得意忘形。

（五）推廣法鼓山的理念

法鼓山的理念就是要把佛教的因果觀念傳遍到每個角落，而我們就是要將這個觀念透過法鼓山所產生的關係，讓每一位勸募會員或護持會員自己先體認，然後再將這些體認告訴自己的家人，並傳播給與自己有關係、沒關係的人，以及所接觸到的每一個人，讓每個人都能得到健康的心理、健全的家庭、康樂的社會及和平的世界，這就是人間淨土。不要把人間淨土看得那麼遙遠，只要多一點安全、安定感，人間淨土的感覺就會在我們心裡出現，這就是法鼓山的理念。

有人曾建議我要常常到各處講解佛經、開示佛法，他們為我計畫密集地安排全省各地的演講場次，他們說：「這樣可以一網打盡。」其實，我在臺北、高雄、臺中、臺南都舉辦過許多大型的演講，雖然每一場演講都會感動一些人，並接引一些人成為佛教徒。但是要佛法深植人心，並對法鼓山產生向心力，還是要踏實地從參與法鼓山運動的關係人著手。

每一位護持會員、勸募會員都是法鼓山的關係人，也就是法鼓山的鼓手，甚至也是代表著慈悲與智慧的佛陀化身，以法鼓山的觀念、精神去和他人接觸，這種效果比我一個人去演講來得更好，因為你們是面對面親自跟他們接觸，而且是許許多多的人，不厭其煩地和廣大的人群聯繫，接觸到這種方式的人，也比去聽一場演講更具實在感。

（六）推廣的方法

在接觸那些與自己不認識的人的時候，每一位推廣法鼓山理念的會員都要帶著文宣資料、小冊子做為接觸方法，並且要讓他們了解。當這些人閱讀之後，至少有一些人會將這些資料再傳給其他的人閱讀，或者以口頭轉告他人。

透過文宣品及口頭的宣傳，力量將會更加強化。

我們要多花一點時間來關懷、慰勉法鼓山護法會的全體人員，讓每一位會員得到勇氣、加強信心，這也是推動法鼓山理念的最好方法、最佳途徑，更是最有效的管道。

我們要成為三寶的代表，要幫助釋迦牟尼佛來推廣佛法，我們真的是幫助釋迦牟尼佛嗎？不是，我們是幫助所有的人，其實，用佛法來幫助人，最後受益最多的就是自己。

法鼓山的理念就是要推廣因果觀念，因果觀念就是佛法的根本原則，也是幫助人間淨化的最好方法。

法鼓山的弘化工作

（一）教育與文化

1. 教育方面：包括研究所、大學部、函授班、空中教學等。

教育，一定要分層次，雖然中華佛學研究所造就了許多人才，但是相當吃力，最主要的原因是沒有大學部，整個體制被架空了，沒有大學佛學系的畢業生做為佛學研究所的招生來源，而臺灣的各大學又都還沒有成立宗教系，也沒有佛學系，因此只有招收理工科、文史哲科、法商科、醫科、農科的學生，他們完全沒有佛學的基礎，以致求學的人辛苦、辦教育的人也很辛苦的局面。未來，在法鼓山中華佛學研究所之下，一定要設立大學部，使整個體制完整化。

大學部以下還要設立各種不同程度、方式的教學課程，包括函授班、空中教學，以及各科分等、分齡、長期、短期的訓練講習。設立短期、長期不同訓練班的宗旨，在於方便佛教界人士進修佛學。有些出家人因為各種因緣的不同，無法完成基礎國民教育，為了彌補他們失學遺憾及培育佛學基礎，故有設立各種不同層次及性質的佛學訓練課程的必要。

空中教學設立的因素在於使不能就讀法鼓山大學部或研究所的學生，可以利用各種教育設施達成進修佛學的願望。

2. 文化方面：包括出版、編譯、圖書館、歷史博物館、國際會議廳。

在編譯方面，專門從事編寫及翻譯適合各種不同程度需要的課本、一般讀物、叢書、套書，並採取系列編輯出版的方式，以養成讀者們一本接一本讀佛書的習慣，使人人都成為具有佛學素養的弘法人才。以往的佛書，給人的印象是看不懂。佛經難懂是事實，不過我們要透過現代人的理解、語言、技巧，編寫出人人易懂、易讀的書籍。未來，法鼓山編譯部的職責，除了要出版精深奧義的經典外，也要兼顧出版普及於一般人的佛書，更要翻譯或改寫外文佛書。

編譯、出版之外，編輯工具書、學術、研究論集書籍，亦是重要的工作範疇，唯有鑽研學問，才能提昇佛教的學術地位及提高佛教的文化水準。佛教和哲學、歷史、藝術、文學、建築、地理、語言等都有關係，從佛教的立場再深入到各個領域做研究，可以擴大佛教層面，透過文化事業的傳播，佛教更可以達到可大、可久、可廣、可高的境界。

(二) 修行和弘化

1. 修行方面：包括集體共修與個人自修。

所謂共修是指集合數人、數百人甚至數千人，在一個道場內共同修持的修行方式。那最好能有一位師父帶領修行。個人的自修，則包括在各自家中的佛堂、獨立的房間、乃至日常生活中的行、住、坐、臥的修行，換句話說，任何一個人在任何一個時地都能修行。

法鼓山集體修行及個人自修的硬體設施，包括大殿、講堂、禪堂、關房、寮房及露天修行的大廣場。未來，法鼓山的集體修行包含了禪七、佛七、持誦、念佛、拜懺等定期和不定期的活動。

2. 禪七方面：除了舉行二、三十人小型的禪七之外，還會舉辦容納兩、三百人的大型禪七。過去，農禪寺不敢舉辦大型的禪七，只接受三十個人打禪七，後來漸漸增加到五十人，一九九〇年夏季禪七，已增加到一百多人，由於大型禪七的效果不錯，未來將成為法鼓山的重點任務之一。

3. 弘化方面：包括僧俗四眾的隨機攝化。

今後的佛教徒，不論僧俗，凡是三寶弟子，都應該修學佛法，以達成護持三寶、弘揚佛法的任務。在經過一段時間的信仰和體認之後，多少都會感受到佛法的利益，若能將這些利益和好處，轉述給他人，並且奉勸他人接受佛法，哪怕僅僅是勸人念一句阿彌陀佛，或念一句觀世音菩薩的聖號，都是做的弘化工作。

參與法鼓山研修、講習、打坐、念佛等各項修學活動的人，便是接受了弘化訓練的人，經過一定的過程，就具備了一定的弘化資格，例如教書、講經、演講、教打坐、指導禪修、領導念佛持誦、勸請信眾精進修行、接引眾生親近佛法。

弘化佛法，是所有三寶弟子的責任，這是每一位佛教徒都應當有的共識。

法鼓山護法會

（一）法鼓山護法會

1性質

法鼓山護法會是屬於一個獨立的護法組織，它不屬於法鼓山中華佛學研究所，但它是為法鼓山中華佛學研究所的籌建、經費的籌募以及基金的籌措而設置。

此組織純粹是義務性質，沒有權利，只有募款的責任，沒有用錢的權利。所募得的款項交給中華佛學研究所董事會，並在《法鼓》雜誌上徵信。如有錯誤，應由當事人提出更正，這是董事會對護法會負責的作法。

在經費使用方面，中華佛學研究所設有董事會，董事長由我本人兼任，並由董事會祕書代表董事會處理會計、財務之工作。

2名稱之沿革

(1)理事會：一九七八年成立，設理事及護法委員。至一九八八年止，理事人數已到三百位。一九八九年改組，成員依舊，由楊正居士擔任理事長，護持人數更為增加，當時的目標是籌募款項做為中華佛學研究所的基金。

一九八九年四月在臺北縣金山鄉覓得一塊十八甲的土地（目前已增至三十甲），計畫將中華佛學研究所遷移至該處，該處目前已命名為「法鼓山」，為了籌措龐大的建設費用，將理事會再一次改組為護法會，原有的成員依舊，而增加了勸募會員和護持會員。

(2)護法會：一九八九年三月成立，六月召開會員大會，至一九九〇年十月止，勸募會員人數共有四百多位，護持會員超過一萬五千人，每個月約有八、九千人繳交捐款。目前，由楊正居士擔任理事長，統籌理事會與護法會之各項護持工作之推展。

3會員組織

(1)護持會員：是護法會最基層的會員。其中包括每月固定或隨喜捐款及發心護持者。

(2)勸募會員：推廣勸募工作的人，稱勸募會員。

(3)小組長：依地區或個人意願將十數名不等之勸募會員合併為一組，選出一位擔任小組長，負責協調、輔導、聯誼等工作。

(4)勸募委員：負責輔導、聯絡、協調各小組，並進行協助小組長對勸募工作之推動，參與小組的聯誼活動，輔導各小組認識法鼓山之理念，了解各小組勸募工作進展之情況，反映各小組之意見等。

（二）法鼓山遷建委員會

1 組織體系

(1)主任委員：由楊正理事長兼任。

(2)委員：由護法會各組組長、董事會的成員，以及護持會員中選出。

(3)顧問。

2 工作性質

此會純屬決策的組織，負責發包工程及工程之推動，我在此會中不擔任職務，但此會與護法會之運作，均秉承我的理念，執行政策、推動工作都代表著我，也就是代表中華佛學研究所的董事長，現在董事長由我兼任，但我只有原則，不管細則，細則的工程及運作由遷建委員會擔當，一直到法鼓山全部工程完成為止才撤銷。

3 工作推展

由六人所組成之執行小組則負責推展工作之進度，有任何事情需要協調，隨時召開臨時會決定，每三個月則召開全體委員之定期會議，審議重要議案。

4 經費之使用

遷建委員會有用錢之權利，由董事會授權給董事長，董事長授權給遷建委員會以及辦公室人員。

（本文寫於一九九〇年一月，節錄自法鼓山小叢刊《法鼓傳法音》）

法鼓山一點一滴在成長

法鼓山的建設，從最初的興建構思，至今已經三年。這三年中，在教育部、內政部及臺北縣政府的指導與協助之下，法鼓山的開發計畫，幾經修改增添，目前已完全符合政府法令，也終於定案了。

這一次，法鼓山開發計畫能順利地通過層層審查，取得執照，是因為法鼓山的目標及理念正確，普遍獲得認同所得到的成果。也可以說，這一次通過審查是集合了眾人的「願力」，護法菩薩的「加持」，以及佛法的「加被」。

雖然，三年的時間是長了一點，但是，審查通過也就代表著法鼓山成立的法律基礎已然穩固，今後再也不會有被否定或撤銷的危機了。對於在這一段艱苦的過程中，曾經給予法鼓山支援與協助的每一位相關人士，我們應該心存感激。

依照進度，在一九九三年春天，法鼓山的興建工程應該可以順利地「破土」。在先期的水土保持工程完工後，才能獲得雜項建築執照。然後，再依進度逐步申請建築執照及使用執照。這三項執照，也就等於是三重考驗。我們必須先有心理準備，在時間上，或許我們還需要有耐心地「等待」。但是，千萬別讓等待的時間消磨了「信心」。因為，唯有在信心充沛的狀況下，眾人齊心努力，才能讓我們如願。

了解現況　努力突破困境

在我的一生中，從來沒有什麼順利如意的事，有句俗話說：「人生不如意事十常八九。」但是，在我的經驗裡，有十件事就件件不如意。因此「不如意不順遂」對我來說，是極其自然的事。當困難及挫折發生的時候，我因為早已有了心理準備，也就毫不意外了。如此一來，這「不如意」其實就真正如我的意了。

我想請諸位調整心態，就像我一樣，事先認清這件事情的困難度，做好心理準備。但是，我絕非要各位消極地「等待」，而是明白了現況、預期了困難之後，更積極、更努力地突破種種困境。以現階段募款的進度來看，與「法鼓山」的建設經費仍相去甚遠。但是，我總認為，只要是「該」做的，無論遭受多大的困難，也應該設法完成。如果，真有那麼一天，法鼓山的工程遭受無人能助的困境時，我相信，只要大家同心祈求觀世音菩薩，事情自然能夠迎刃而解。

財務分明 一絲不苟

現在的款項，全數是十方信士的布施所得，大家都是在生活中點滴節約出來的。因此，對於此款的運用及保存，尤應格外慎重。法鼓山的財務管理，自最早先的廖居士，到現在學有專長的林居士，除了他們的專業素養之外，我對他們僅有的要求便是「帳務分明，一絲不苟」。對於每一筆進出，無論金額大小都必須有明確的交代。在支出方面，亦力求節約，精打細算地發揮每一塊錢的最高效用。在林世斌居士上任之初，我曾以四句話要求他——「公開、合法、合理、安全」。不但帳目要公開，運作要合法、使用要合理、存放更要安全。

近來，我們更委託勤業會計師事務所為我們簽證。「勤業聯合會計師事務所」是國內六大聯合會計師事務所之一，目前擁有執業會計師二百餘人。負責人王景益居士曾經參加「社會菁英禪修營」，和法鼓山及農禪寺淵源頗深。對法鼓山理念的認同，也不下一般信眾。但是，如果法鼓山的帳務，不能做到「公開、合法、合理、安全」，任何會計師都不敢為我們簽證。因此，請各位本著對師父的信心，相信法鼓山的財務狀況，不要為外界的流言所動搖。

廣種福田 祥和自現

諸位身為法鼓山的護持會員，也是「萬行菩薩」之一，所謂「萬行菩薩」，就是六度萬行——「能行難行、能忍難忍」。這雖不是件容易的事，但是，日積月累逐步前進，我們對於佛法的信心將更堅定。

佛法的修習，簡單地說就是修福修慧。多接觸正統佛書、誦經、念佛、打坐。如果不經常念佛、拜佛、誦經、打坐，自然難得智慧。缺少智慧便極易萌生退意，也就很難得到佛法的利益。得不到佛法的利益則煩惱生。煩惱一多，就容易影響家庭生活的和諧。如果家庭生活失調成為普遍現象，社會的混亂也就自然發生了。

修福，就是「禮遇眾生、利於他人」。我們自己出錢、出力、出時間、出智慧地修福報之外，也應勸他人和我們一樣奉獻心力。法鼓山就是一畝「福田」，沒有福的人要「種福」，福不夠的人要「培福」，有福的人不要沉溺享福浪費福報，要懂得「惜福」。我們自己「種福、培福、惜福」，也能推己及人。這就是我們深植「福田」的最佳方式。

「勸募」的最大意義，並不在向別人要錢，而是在接引更多的人廣種「福田」。就像保險從業人員教導人們投保一樣。法鼓山的寶藏是無窮盡的，我們將財富儲存在每一位信眾的心田裡。如果我們能更進一步將此財富儲存在每一位眾生的心田中，那麼社會自然祥和。我們從現在種福，至福慧圓滿之日止，人人修福、修慧，而福慧自然只有積存而全無損耗，成佛就更順暢了。

（一九九二年十月四日講於勸募會員大會，徐慧川居士整理，刊於《法鼓》雜誌三十八期）

法鼓山開創人間淨土

——一九九三年當代藝術品義賣會致詞

開幕詞

法鼓山佛教教育的理念是「提昇人的品質，建設人間淨土」。我們以落實於現在的努力，肯定每一個人的自我價值；以重視倫理的觀念及心靈的淨化，來協助每一個人的自我昇華；以提倡無限的包容及平等的關懷，來促成每一個人的自我消融。因此，受到今日社會大眾的認同，特別是得到當代藝術界的普遍支持，而有今天這場義賣會的盛會，邀請到諸位貴賓的光臨。足見我們的社會，處處有溫暖；明日的世界，永遠有希望。祝福大會圓滿成功。

閉幕詞

諸位藝術界的高賢，諸位蒞會的貴賓：法鼓山開創人間淨土當代藝術品義賣會，由於名收藏家葉榮嘉建築師的熱心奔走，諸位藝文記者先生女士及六家畫廊負責人的共同策畫推動，號召當代藝術界近百位名家的一致響應，獲得佛教界內外各界善心人士的熱烈支持，及新聞界屢次的報導。這證明了法鼓山教育理念的正確性，對於聖嚴本人，及法鼓山十數萬全體信眾，乃是最大的肯定和鼓勵；也證明了今天我們的社會，不僅十步芳草，而是步步芳草，黑暗與罪惡，是局部的現象，關懷社會的人士，則相當普遍。聖嚴本人代表法鼓山全體信眾，向這次義賣會相關的每一位，致無上的謝意，祈禱三寶，為臺灣寶島的社會大眾祝福。平安繁榮，身心自在，萬事如意。

（刊於《法鼓》雜誌四十五期）

附錄

分享宗教與藝術的善與美

——專訪聖嚴法師談藝術品及珠寶義賣會

問：請問法鼓山舉辦一九九八年當代藝術品暨珠寶義賣會的緣起？

答：五年前，法鼓山首創宗教界結合藝術界，舉辦的藝術品義賣會，雖然只募到三千六百萬元，但藉由那次活動，成功地向社會大眾介紹了中華佛學研究所的精神、法鼓山的理念。兩年前，由於法鼓人文社會學院的設立正式通過，為了籌募建設經費，因此也計畫籌備第二次義賣會。不巧的是，相關的申請規畫等手續相當繁複，所以，就一直延宕下來；再加上，當時正好也有佛教團體舉辦類似的義賣會，為了不讓信徒們的負擔太重，所以延到今年（一九九八）才把這個計畫推出。

法鼓山舉辦這個義賣會的目的有三：

（一）向社會大眾傳達「法鼓山要辦一所精緻的人文社會大學」的訊息。

（二）希望藉義賣會來傳達法鼓大學教育的精神，那就是「重視人品的提昇」、「淨化社會、淨化人間」，法鼓大學要負起文化的使命和教育的功能。

（三）籌措龐大的建校經費，至於能籌募到多少經費，則不預先設定目標，多多益善，哪怕只有一塊錢，也值得感恩、感謝。

問：此次義賣會有別於上次的是，特別在全省各地也舉辦了巡迴義賣展覽，不知有何用意？

答：最主要是希望將「法鼓山要辦大學」的訊息，藉由巡迴義賣展讓全國上下都知道；同時，也與全國民眾分享我們辦學的理念。

其次，由於參與義賣的藝術品及珠寶，件件俱是精挑細選的上品，呈現高度的人文之美，因此也希望透過巡迴的展示，能夠與大眾分享，並藉此提高民眾對藝術的欣賞能力，並且鼓勵大家從事藝術的創作。

我在臺南展場時便指出：「宗教的功能是達成善的目的，藝術的功能是達成美的目的，珠寶的功能則是達到莊嚴的目的，所以，宗教是心的信仰，藝術是心的創作，珠寶是心的美化。」

問：請談談義賣品募集的過程？

答：這次義賣會的總策畫人葉榮嘉，本身便是一位收藏家，對臺灣藝術界非常熟悉，所籌辦的活動一向具有相當高的品質。

展覽的作品，首先由我們的諮詢顧問列出邀請的名單，經過討論、評選後，再去找這些作品，有些直接向藝術家徵求，有些則是向收藏家徵求。募集過程中，我們得到非常良善的回應，對方了解法鼓山的理念後，多半願意慷慨奉獻，有些畫家甚至捐出私人收藏幾十年、不捨得出售的作品。

例如收藏家李充志居士原本答應陳進阿媽要好好收藏她所畫的觀音像，但李居士為了響應這樣有意義的活動，經過一番深思後，決定將畫捐出來，他認為這才是阿媽最大的功德。又例如本來並不是佛教徒的名畫家林惺嶽居士，十多年前為了保存臺灣本土環境原始的風貌，創作了一幅《人間淨土》，由於這是他個人理念的發揮，所以多年來不但不想賣，而且始終視為私人珍藏；但是，當他聽到法鼓山的理念，以及我們辦大學的宗旨，竟義不容辭奉獻出來。類似的例子很多，都讓我相當地感動。

在珠寶部分，所有的義賣品，一定是真品。其中有人將結婚紀念品捐出，有些是當時買來孝順母親，在母親往生後將珠寶捐出，以此為母親做功德。

問：義賣活動結束了，聖嚴師父對此次活動還滿意嗎？

答：義賣會的目的在於展示、呈現法鼓大學的精神，所以活動從籌備到舉辦，都環繞著這個理念；在這過程中，不但呈現高水準的品質，也結了很多善緣，更凝聚了許多原本不是佛教徒的藝術家、收藏家、藝廊、拍賣公司以及善心人士等。

此外，從九月八日巡迴展在高雄開始，從南到北幾乎每家媒體都為我們做了大篇幅而正面的報導，肯定我們的理念和作法。我相信這是一次正面而成功的宣傳。

在此之前，我曾對我們僧團大眾說，這次義賣會，可能會叫好不叫座，大家要有心理準備，以免事後感到失望。事實上，在我的心裡，即使一件作品都沒賣掉，透過這樣的過程，也算是成功了。至於義賣當天的成果，在全球經濟蕭條、景氣低迷的環境中，還能賣出如此的好成績，只有五十多件沒有成交，已令我相當意外。

總體而言，這次義賣會我個人非常滿意，尤其感恩各界的慷慨布施，不論是捐贈者、認購者，都是法鼓大學的功德主。

問：法鼓大學的理念是什麼？

答：法鼓大學著重在人文思想和社會關懷，以人文教育達成提昇人品的目的。因此，我們會用各種方式來達成淨化人心、淨化社會的功能，包括我們會有大量的僧俗四眾義工菩薩，為校園師生提供無怨無悔的各項服務，使得校園每位成員能感染到佛教徒悲智雙運的力量。在這次義賣巡迴展的每一站中，我們不斷地說明此一理念，告訴全體社會大眾，我們是以佛教的精神和悲願心來創辦這所大學，並不強迫所有師生都成為佛教徒。

問：法鼓大學未來招生的來源為何？計畫培養出什麼樣的人才？

答：招生的問題不在於有沒有人來讀，而是我們是否有決心、智慧以及能力把這所大學辦好。也許在最初幾年會經營得比較辛苦，但是我們有信心與決心，如果品質好、召集的人才夠水準，即使學生人數不多，也能辦得好；而且只要有幾屆學生畢業後，被社會大眾爭相邀聘，往後我們就不擔心沒人來讀。何況目前我們已有中華佛學研究所豐富的辦學經驗。

再者，我們是以臺灣為立足點，漸次把眼光與目標放遠放大，將法鼓山的教育體系經營成為國際知名的好學校；屆時不但國內學子會來，國外的學生也會來。我們有絕對的信心和把握，將法鼓大學營造成一個有特色而優秀的高等學府。

至於法鼓大學計畫培養的兩種人才，一者是人文社會的建設人才，復興中華文化，引進世界文化。第二種是專業的研究人才、修行人才、弘揚佛法的人才，包括語文、管理、藝術、資訊、宗教等各方面的人才。我們也會與國內外各大學建立合作關係，與工商界建立良好的建教關係，使得我們的人才能夠為社會提供最尖端的服務。

（刊於《法鼓》雜誌一〇七期）

法鼓山的使命

童年

我，聖嚴，民國十九年（西元一九三〇年）出生於中國大陸江蘇省江南的一個農家。其實應該說是出生於江北，但當我還不滿一歲的時候，我的出生地就被民國二十年（一九三一）的一場大水沖進了長江，家中一切被一洗而光。父母帶著我們六個兒女越過長江到了江南，在一無所有的情況下做了佃農。我在家中排行第六，上有兩個姊姊、三個哥哥。家人赤手空拳在佃農的土地上蓋了三間茅草房，就此安頓下來。農忙時，全家都種田；農閒的時候就去做工。

我進小學之前就已當了童工，九歲才進私塾。母親生我時已經沒有奶水，鄉下也沒有營養的補充，所以我一生下來就很瘦弱單薄。九歲時雖然進了私塾，也不是天天上學、年年上學，而是有一學期沒一學期的。到了十二歲才進入私人興辦的現代化小學，從三年級讀起。讀了三個學期，到四年級下學期就無法再讀書，因為家境太窮了，從此以後未再進過學校。

上山當和尚

十三歲那年，江北南通狼山的方丈託了一位居士到江南來找小和尚，那位信徒正好是我們家的鄰居。當天他從江北回到江南經過我們家門口時，正巧碰上一場大雨，就到我們家來躲雨，看到我跟母親在一起，就問我母親：「狼山正好要找小和尚，這孩子是不是可以讓他做和尚啊？」我母親說：「我們家很窮，這小鬼也很調皮，如果他自己願意做和尚，那就去吧！」她問了我的意思，我說：「好啊！」其實那時候我根本不懂什麼叫作和尚、為什麼要做和尚，一口答應之後，那位居士遂把我的生辰八字帶著離開了。半年之後，我們全家都把這件事忘得一乾二淨，但這位鄰居卻出現了，告訴我們說狼山上的菩薩表示這個小孩可以做和尚，他現在要來把這個孩子帶上山去。這時候我母親有點捨不得了，再問一次我要不要做和尚，我說：「要啊！」就這樣我跟著這位姓戴的鄰居上了狼山。

狼山是中國八個小名山之一，是個香火道場，相當興盛。但我上山時正值抗日戰爭末期，那是民國三十二年（一九四三），香火已經沒落，很多和尚都離開山上去了外地。雖說如此，我上山的時候倒還好，還沒有窮到那個樣子。我的師父、師公請了專人教我讀書，其中一位老師教我讀儒家的四書五經，另一位老師教我唱念課誦，如此持續了一年半。最初我很笨，因此師父教我拜觀音菩薩，每天至少拜五百拜，在大家尚未起床時去拜，拜完之後正好做早課。不到三個月，我就有感應。這個感應相當奇特，好似觀世音菩薩用了什麼東西往我頭上一灌，全身很清涼。這時，我開了智慧，從此以後讀書、讀經、課誦，都很容易記得，也很容易學會。不過，這時我很擔心了，擔心師父不讓我做和尚，至於其他全不擔心。到了民國三十四年（一九四五）抗戰勝利，馬上就發生中共新四軍的活動，鄉下很亂，因此寺院裡上上下下老老少少全都到了上海，只留了一位最老的和尚在山上。

上海趕經懺．佛學院

到了上海之後就很苦了，做的是經懺。我在狼山的時候一直在做許多小和尚該做的事，比如洗衣服、種菜、煮飯、照顧庭園、打掃房間，並且做老和尚的侍者。這些事在我上山之前都沒有做過，但在狼山時卻做得很高興。到上海之後，由於寺院沒有生活的收入，遂靠經懺維持生活。這段時間我做的全是經懺，每天夜以繼日地念經、拜懺，那時叫趕經懺，在幾個殯儀館之間跑來跑去，晚上陪死人。由此我對經懺深不以為然，覺得是一種很奇怪的行業。

後來我知道佛經是讓人懂、讓人運用，不是念給鬼聽的。佛教落到這種情況，使大眾看不起佛教，也看不起和尚，我就想到要去讀書，遂到附近的靜安寺佛學院就學。這時我更清楚明白釋迦牟尼佛把佛法說出來是給人用的，是感化人、幫助人解決問題的。佛教這麼好，佛法這麼好，知道的人卻那麼少，誤解它的人是那麼多，究竟什麼原因呢？因為佛教徒沒有真正了解佛法，也沒有人深入研究佛法以用之於日常生活。少數的人會修行，卻躲到山裡去；多數的人不會修行，就到處跑——把佛經用來超度死人，不懂得給活人用。佛教因此變成死了的活化石，死了的宗教，這是很可憐的事。

此時我就發願——我懂得多少佛法，一定全都告訴人。當時我正值十六、七、八歲，知道的佛法都講給別人聽，同時也會寫，發表在壁報和學生的刊物上。我的程度本來不好，進佛學院之後逐漸名列前茅。

從軍·閱讀

我在佛學院只待了兩年多，一九四九年我就和另外幾位同學離開佛學院加入軍隊，於是跟著軍隊到了臺灣，沒想到在軍中一待就是十年。在這期間我讀了很多書，當時臺灣沒有什麼佛經、佛書可以看，而且我生活的範圍和行動受到限制，所以專門看文學性、哲學性、宗教性以及社會科學和自然科學的書，涉獵頗廣。其他人看書可能是為了考學校或考高普考，我看這些書倒沒有什麼目的，只想回來做和尚，而看這些書大概也有用吧！

寫佛教的文章

就這樣過了五年之後，我跟佛教又接上了關係。佛教界的幾份雜誌看到我在一般性的社會雜誌（包括臺灣和香港），發表了幾篇文章，遂向我邀稿。這幾份佛教雜誌，包括《海潮音》、《今日佛教》、《慈航》、《佛教青年》、《人生》等。從此以後我其他的文章都不寫了，專門為佛教寫文章。當時我用過好幾個筆名，其中之一是「醒世將軍」；讀了醒世將軍的文章而信佛的人，現在大約都是五、六十歲或六、七十歲的人了。

自那時起，我雖仍在軍中，卻開始對佛學下工夫。我的書架、床鋪邊上一大堆全是佛書，其中最多的是印順長老和演培長老的書，因為全都是演培長老送給我的。由於這個機會，我吸收了許多印順長老的東西，一直到現在我仍覺得受到印順長老很多影響。此外，中華佛教文化館，我的師父——東初老人，影印《大藏經》，使我有大部頭的經可以讀。

再度出家後

一九六〇年我退伍，到了中華佛教文化館再度出家。這段期間看到臺灣的佛教依然非常衰微，有些知識分子明明信了佛教，卻不敢承認是佛教徒。高層社會人士多半信基督教，認為信佛教是迷信，是沒有知識的人才信的，這些現象使我很難過。當時有三位大學生找一位法師談佛法，在佛教界大為轟動，說有大學生來向法師請法了。其實那些大學生未必來信佛，只是找法師聊天而已，這讓我感慨佛教的人才實在太少。

在那時佛教界能寫文章，而且能被一般報刊刊登的人，一共有三位，其中一個是我，另外還有兩位法師。佛教界的刊物少，也很少有人能寫文章，因此讀的人很少。當時的《人生》月刊出版數量大約是五、六百份，最多不超過七百份，並且是贈閱性質，很少有人真正要看，刊出的東西多半也讓人家看不懂。能寫得通順而通俗的，沒有幾個人。從小我就想到，文章寫出來就是要給別人看，自己並沒有什麼話要講，只看現在的人需要了解什麼樣的問題，需要聽到什麼樣的佛法，我才執筆。因此，一九六一年到一九六七年之間，我在高雄美濃的山裡，先是禁足後是閉關時，就設想了七十個小題目，加以解答。類似的佛教問答，在過去已有人寫，只是非常枯燥，不是平淡無味就是用一大堆佛學的專門名詞來解釋；人家看了好像懂了一點什麼，但並未真的解答問題。而我是以散文的體裁，運用經義及祖訓，以大家都能看懂的文字加以表達。這些問答在《菩提樹》月刊連載以後，有人希望我出單行本，那就是《正信的佛教》這本書。該書出版後還是沒什麼人看，第一版由佛教文化服務處印了一千本，十年之內還未銷完。這表示當時看佛書的人實在太少，我們沒有製造讓大家看佛書的機會，也沒有接引更多的人來看佛書，所以佛書的銷售量有限。當時有幾位法師很努力地在弘揚佛法，但是願意看佛書的風氣仍未打開。

我在山中閉關時，努力深究經藏，並且一直覺得佛教應該回到釋迦牟尼佛時代的原始面貌，回到佛所說的非常基礎、非常實用的佛法。這是我的發現，也是印順長老特別重視的一個部分。印順法師曾寫了一本《佛法概論》，我則是參考《阿含經》寫了《正信的佛教》。

閉關與弘揚戒律

我在山中用了很多時間拜佛、拜懺，此外是打坐、看經、寫文章，主要看《阿含經》和律藏。我特別重視戒律的原因是佛教的制度和出家人的生活都失去了準則，希望在戒律方面能振作一番。但我也發現，過去的人談戒律太拘泥於形式，對生活上的小枝小節很看重，卻不重視戒律的基本精神。因此我研究戒律的方向是希望現代人在不太勉強的情況下也能遵守戒律，這種戒律對現代人才是真正有用。我寫了一本書，叫《戒律學綱要》，寫成之時有人反對，說聖嚴法師不懂戒律，亂寫一通。但一直到目前，我還是覺得我做對了；我相信看過這本書的人，一定有很多人會持戒，也有很多人會受菩薩戒。這本書不但在臺灣很受歡迎，在大陸也普遍被佛學院當成課本來教。我寫這本書的用意是希望大家能拿來實行，而不是講一些很枯燥的規定；若是不能用的東西還要強調它，那不是很多餘嗎？我這樣做，也算是一項新的嘗試。

赴日本留學

出關之後，我的師父東初老人告訴我趕快去日本，很多人去了日本，我也應該去。師父這麼說，究竟是真是假，我弄不清楚。等我準備要去了，師父又說：「哎！你去日本做什麼？去日本都沒有好結果的。」然而張曼濤先生極力主張我去日本，我說我沒有錢，他說你不要管，只要讀書就好，來了再說。當時正好有一位法師從泰國直接去日本讀書，他說：「聖嚴法師，沒有關係。如果你到日本來沒有錢讀書，我們兩人可以共同生活，錢用完了再說。」由於這個承諾，我遂去了日本。但是到日本沒多久，我們兩個就分開住，之後他先去了美國，我則一個人留在日本，經濟上逐漸出現窘境。

另一方面，在臺灣的人怕我還俗，而且議論著我還俗的可能。議論的原因是什麼？我到現在還不明白。人是很奇怪的，當你要往上爬的時候，他怕你爬上去，所以踩你兩腳；你還沒有出頭，他就很擔心你會出頭。如果你不往上爬，別人又看不起你，說你沒出息。在這種心理因素下，我受到很多來自臺灣的誹謗，謠言紛飛。就這樣我在日本待了兩年。念完碩士回到臺灣後，別人頗訝異我尚未還俗，懷疑我在日本是否已穿了在家衣。後來我又去了日本攻讀博士學位，沒有錢讀書、生活，我就求觀世音菩薩。這時我的指導教授告訴我：「日本的佛教是由中國傳入的，像你這樣的人到我們日本來，是要把日本現代的佛法再傳回中國去。中國目前的佛教已經沒落，需要你這樣的人去振興，所以我們願意支持你。當你沒有飯吃的時候，我會帶你去化緣，你放心。」他說他的老師告訴過他兩句話：「衣食之中無道心，道心之中有衣食。」如果一心只為了生活，那就沒有道心；如果有為佛法的菩提心，可以不必擔心吃飯穿衣的問題。

我聽了很感動，每天都念觀世音菩薩。不久，突然就從瑞士來了一封英文信，表示願意支持我留學的全部費用，需要多少就給多少。我只要了學費和最基本的生活費，沒有額外的索求。就這樣攻讀博士學位的三年間，都靠瑞士所寄來的錢，到了第四年要出版博士論文，也得過瑞士匯款的幫助。究竟是誰在資助我？我相信是個中國人，但到目前為止，沒有人承認曾經給我錢，我想是觀世音菩薩送的吧！不過我還是猜得到大概是誰給的，應該是某一位在美國的居士，透過瑞士銀行把錢寄給我。他希望我讀完書之後對佛教有所貢獻，我非常感謝他的幫助。

博士學位與報導文章

我在讀博士學位時生活很艱苦，住的地方很小，有時每天只吃一餐，有時吃兩餐。往往中午是沒有東西吃的，有時早餐沒吃，中午就吃兩片麵包果腹，晚上回去若很晚就不吃了。我在日本就這樣過了六年的留學生活。為什麼讀學位讀得這麼快？因為我覺得生命有限，去日本念書時快四十歲了，念完書四十五歲已經很老了，若不趕快念，恐怕沒有時間了。而且我的身體很不好，隨時都可能死掉；如果書沒讀完就死掉，那多可惜！又如何報答施主的恩？如何報答三寶的恩？所以我很專心讀書。但同時也很關心日本佛教的運作和現況，例如他們是怎樣在弘揚佛法，怎樣在修行佛法。我除了研究學校的教育之外，也很重視他們教團的活動；我曾參加他們的修行和各式各樣的活動，寫了很多報導。在日本念完書之後，便完成了《從東洋到西洋》這本書。在我之前去日本的人，好像沒有人能寫這麼多報導的文章；在我離開日本之後十九年以來（一九七五—一九九四），也還沒有人這樣做。為什麼我要寫這麼多報導文章？因為我擔心自己若在回國之前就死掉，那麼我對日本佛教的認識和了解，就無法讓臺灣知道。諸如日本佛教為何如此盛行？日本佛教為何能深入民間？日本佛教為何能現代化？我報導這些，就是希望使國內有學習的機會。其實寫那些文章剝奪了我很多讀書的時間，也可以說我放棄掉休息的時間。

怎麼去了美國

至於我為什麼會去美國呢？在日本讀完書回臺灣之後，臺灣沒有人接納我去做事，我也沒有事情可做。我有一位同學跟我說：「你在日本好比學會了開車的技術，拿到駕駛執照，但是國內沒有汽車給你開，你回來也沒有用。」正好美國佛教會請我去美國，於是決定前往。在我尚未到達之前，他們開了一個會，打算效法英國王室訓練王子的方式，先讓我吃點苦，叫我從基層做起。因此我一去美國，不是以文學博士的身分去教書，也不是以法師的身分受供養，而是把我當成可塑可教的人才，從基層訓練起。在那裡待了一年，人少事多，打雜、掃地，除了不買菜之外，廟裡其他的事幾乎都得做。我把原本是堆置廢品雜物的地下室，打掃得乾乾淨淨，整理得清清楚楚，把原先是髒亂的地方改變成可以用作弘法活動的空間。

在美國弘揚禪法

半年後我便在美國佛教會的大覺寺教西方人打坐參禪，剛開始只有三個美國人。我的英語講不好，每天要花一個小時搭地下鐵去學英文，為了教美國人，我找了一位中國人王明怡居士幫我翻譯。就這樣我開始了教禪、講禪、寫禪的弘化生涯。其實我在臺灣根本沒教過禪，但在日本參加過好幾次禪七、禪學的活動，了解一些日本的禪，也得到日本一位禪師的印可。當時我一去，那位日本禪師就說：「你以前用過功的。」我說我在山中有過六年的經驗，並且自小是在禪宗寺院出家，後來雖在軍中也未曾間斷禪法的修行，故曾得到一位明眼人的指點。他因此對我另眼看待。後來我告訴他我要去美國了，可是我不會美國話，他說真實的佛法不是用語言的，禪法是用心法，叫我儘管去。

我在美國最初一年多的時間，從四個人跟我學禪到幾十個人學禪，然後我又主持禪七，直到現在，每年四次，從未間斷。一九七八年回到臺灣，也開始在北投道場主持禪七，弘揚禪法。

流落街頭與家徒四壁

但我既然回到國內，就必須向美國佛教會的大覺寺辭職。可是在美國那邊還有若干弟子，主要是美國人，還有一些中國人；他們很希望我留在美國，於是我只好開始東、西兩個半球兩頭奔忙。然而在美國那邊，既已離開大覺寺，便沒有地方住了，當時正好是風雪交加的冬春之際，我只好經常背著睡袋，流落街頭，不知夜宿何處。有時住學生家，有時住在華僑家裡，有的中國寺院還婉拒我住，他們說得很客氣：「你是位大法師，怎麼會住到我們這裡來呢？」在這樣的流離之中，有一個地方非常好，是浩霖法師的東禪寺，他讓我和我的一位美籍出家徒弟在那裡掛單，住了一個多月，後來我就回臺灣了。

等我再回美國時，我們就租了一個閣樓，那真是所謂的「家徒四壁」。我當時身上只有四百五十元美金，而房租每個月是四百八十美元，加上一個月的押金，我根本無法負擔，後來還是請美國佛教會的沈家楨居士幫忙。沈居士很慈悲，他說：「你雖已離開美國佛教會，我依然願意支持你。」房租於是由沈居士按月支付。住的問題解決了，吃的、用的從哪裡來呢？這可能是身在臺灣的人想像不到的。每到晚上蔬果攤快收攤、麵包店快打烊時，我們就去撿，撿什麼呢？撿他們成箱丟棄了的東西。打開見到可吃的就拿回來，如洋山芋、番茄、胡蘿蔔、包心菜等等，有時也會撿到不中看的蘋果，麵包店中幾天賣不出去、已經變硬的麵包，我們也撿回來。當時我們覺得吃得還不錯，滿香滿好吃的。而我們四人——我、兩位美國弟子、一位中國弟子，就這樣生活下來。我們用的餐具、桌椅、冰箱等等，都是在馬路上撿的，覺得美國真好，在街頭什麼都撿得到，連佛壇也是在馬路邊撿來的兩塊板子，拼拼釘釘就供佛了。

置屋與出版

這樣生活了不到一年後，終於買到了房子。買房子的經驗也很奇妙，我們沒有錢，還是以四萬五千美元把它買下來，買了之後就有人捐錢。這幢房子很破爛，沒有人要，我們自己裝修、自己清理，費了一年多的時間才把它弄得像個房子，差可堪用。

在如此艱困的情況下，我們還在出刊物——二份由自己打字、影印的英文刊物。一位在IBM工作的美國人來跟我學打坐，見我們沒有打字機，便送了一架還可以用的報廢品。月刊《禪通訊》和季刊《禪》雜誌目前已發行到世界四十幾個國家地區。在美國出版的英文禪書已有了七種，也對全世界發行。我之所以成為被世界公認的禪師，與主持禪七、發行禪刊、出版禪書的關係，不能分割。

下跪苦求辦教育

一九七八年，由於我在臺灣繼承了東初老人的道場，中國文化大學的創辦人張其昀先生遂找我去擔任中華學術院佛學研究所的所長。他勸我把中華佛教文化館賣掉，併入中國文化大學，他則運用他的校園幫我辦學、弘揚佛法、提昇佛教。這個理念很好，但僅僅兩百多坪的土地和一百多坪的房子，我即使賣掉也賣不到多少錢，何況恩師老人的遺產，怎可變賣呢？我後來還是做了那個佛學研究所的所長，做了文化大學的教授，在日本獲得的博士學位終於有用了，這是我在國內辦教育的起點。不過我一點錢也沒有，必須自己去找錢，來維持佛學研究所的開支，除了求觀世音菩薩之外，還必須求人。當時我和幾個信徒去臺北市的華嚴蓮社，請成一法師做我們的副所長，他說什麼也不答應，後來看到我及隨同去的居士，都跪下來苦求，他才首肯。那時我做所長，他做副所長，實在是委屈他；他年紀比我大了十六歲，而且已經是位長老，我實在對不起他。後來他鼓勵華嚴蓮社的信徒來支持研究所的大部分開支，研究所就這樣辦了起來。

重建祖庭

佛學研究所辦到第五年，張其昀先生因老病住院，文化大學由於人事變動，政策也跟著變動，到一九八五年，我們就脫離了該校。此時東初老人遺下的道場——中華佛教文化館，由我重建完成，借用它創立了現在的中華佛學研究所。可是重建的費用，我也沒有著落，卻還跟建築商借錢，把接鄰的土地買了好幾百坪，然後跟他簽約合建，再跟他四六分屋。我們非常占便宜，原來只有兩百多坪的土地，建好之後分到的房子有近千坪，艱苦的時期就此熬過來了。

指導修行．寫書出書

我隨時隨地準備死，但尚未死以前，我傾全力報三寶的恩，為佛教的弘揚、推廣而努力。不論如何辛苦、如何忙碌，我都教人家修行，並且用文字推廣，用口頭宣揚，從不間斷。在美國也好，在臺灣也好，只要有時間，一定是在指導修行，以及寫書、寫文章。多少年來，平均一年會出幾本書，到目前為止，我的全集已蒐羅四十六種書，另外還有五本新書剛出版和將出版。這些都是為了弘揚佛法而寫，有身不由己的感覺，似乎不寫會對不起人、對不起三寶、也對不起自己。邀我演講而不講的話，覺得辜負佛法，在這種情況下，我一場接一場地演講，一本接一本地出書，一次接一次地主持禪七與佛七，乃至為期七天、三天、一天的各種營會修行活動。

辦教育的甘苦

談起辦佛學研究所，實在吃盡苦頭。很不容易請到足夠的好老師，有的老師因我不善交接應對，幾乎是我跪下來也未必請得到。我又不會照顧學生，他們便很少能體會到辦學者的艱辛。在設備和制度上我們盡量求完善，但從學生的立場總是有所不滿意，這都是我能諒解的。所以有時候我幾乎也要跪下來求學生，請他們體諒研究所裡的苦衷，請他們發菩提心好好念書。辦學是如此艱辛，若不是我有一點點菩提心的話，就可能不辦了，因為吃力不討好，又不能立竿見影地向支持者呈獻成果。畢業生當中雖已有兩位去國外得到博士學位，也回到我們所裡任教，但多數學生即使在就學時有感謝之心，一旦畢業後卻一去不回頭，好像他們來此讀書，已經是捧我的場了。

敢說是最好的佛學研究所

不過，我總是想能辦一屆是一屆，我盡我這一代的力去做就是了。到目前為止，我尚感滿意，師資、設備、學生程度愈來愈好，愈來愈整齊，在國內正規的高層次佛教教育中，「中華佛學研究所」我敢說是辦得最好的。在國際上，「中華佛學研究所」的成績也是有口皆碑，因為我們不斷地邀請許多國際聞名的佛教學者來訪問、教學，而我自己也到世界各國的學府去訪問，去出席國際學術會議，另外我們自己也主辦及承辦了三次國際佛教學術會議，請國際學者來看看我們，給我們建議。就亞洲而言，包括日本在內，能超越「中華佛學研究所」水準的，大概沒有幾個。所以日本已有三所大學，美國也有兩所大學，與本所簽了合作的契約。教育部雖未承認我們的學位，但我們還是辦得有聲有色。辦教育就是辦教育，來此讀書的研究生有這個認同和共識就好。

法鼓山是怎麼出現的

現在要談到法鼓山是怎麼出現的。法鼓山是一個偶然，也是一個必然。我在國內有研究所，也有農禪寺。後者是培養弘法的青年人才，最初只有二、三個人，後來因我主持禪七、佛七、講座，帶動大家修行，因此隨我出家的年輕人愈來愈多。到了五年前（一九八九），已經有將近三十個人在農禪寺出家。然而，在臺北市的都市計畫中，位於關渡平原的農禪寺必須拆除，我們必須另覓他處安置住眾。此外，研究所的現有範圍也益顯擁塞，不敷使用。我們把這兩個案子合併處理，到處找地方。結果有一位林顯政居士得到一個感應，說臺北縣金山鄉有塊地，要我去看。我先請中華佛學研究所的方甯書教授去看，他看了覺得很好，我說我剛到臺灣不久在軍中時，曾到金山住過，那地方辦學校等等都不行，我不去。方教授說衝著林居士的好意，我無論如何也該去看一下。等我親自看了那地方，也覺得滿好的。至於我們為什麼會得到那個感應呢？那是因為之前我們找地找了好久，一直找不到，有一位熊清良醫師建議念

〈大悲咒〉，於是有一個晚上我們結合農禪寺念佛會千把位信徒，誦了二十一遍〈大悲咒〉，就如此得到感應。而金山鄉那塊地上的一座廟中，正好供了觀世音菩薩，它的住持覺得人手不足，也正在找人轉讓。我們就這樣談妥了，花了新臺幣七千多萬元取得那塊十八甲面積的山坡地。當時佛學研究所全部的財產只有三千多萬，而每年光是支出就要一千多萬將近二千萬，就算三千多萬悉數拿去也是不夠的。雖然如此，我們還是買了下來。接著我就出國，三個月內，我尚未回國前，錢就付清了。

錢從哪兒來的？是熱心的信徒們擔保借錢給我們的。接著，我們成立了護法會。信徒們知道我們有了地方，大家很高興，但又聽說師父沒有錢，就很替我擔心。有一個星期天講經結束，我召集大家開了一個會議，在場人數約三百多人，我問大家願不願意支持我，為我募款？結果有百分之九十以上的人拿了勸募簿，有的人第一次來，也拿了勸募簿，他們是受了我要弘揚佛法、廣度眾生的悲願所感動。我當時看了這個場面不禁流淚，很感激，很感謝，很感恩！不是因為我有這麼大的號召力，而是受大家的因緣所感動。護法會的成員由當時約二、三百人擴增到目前將近五萬人，而經常捐款且與我們相關的信徒則約有十四萬人。

忙得好歡喜

這段期間信徒們非常熱忱，我也加倍辛苦；為了法鼓山，在工程、募款、組織及對信徒的關懷方面，都需要我付出許多的時間和心力。此外，主持禪七、打佛七、寫文章、演講、教書都照樣要做，同時在美國的道場也還需要我。因此，幾年以來我好像老了很多，頭髮白了不少，身體也衰弱得更快。以前我的身體也不好，但還不至於經常服藥、吊點滴；現在只要一回到臺灣，不要多久就需要吊點滴，需要找醫生來治療。到美國待一陣子之後，身體會養好一點，可以寫書、看經、打坐。在美國其實也很忙，但還有一點時間；在國內的話，時間就非常經濟。比如說，連去醫院吊點滴的時間都要跟醫生討價還價，醫生說要兩小時，我說不行，只能打半小時；醫生說要一小時，我說不行，最多四十五分鐘。這是為什麼？因為對我而言時間太不夠、太寶貴了。

好在我這麼忙，卻不覺得忙是一樁煩惱的苦事。有人說：「師父，您忙得好可憐喔！應該休息休息。」我就說了兩句話，用作自勉也勉勵弟子：「忙、忙、忙，忙得好歡喜；累、累、累、累，累得很快樂。」這兩句話對我很有用，弟子們也把這兩句話用來勉勵大家。我覺得很對不起大家，叫大家來跟著我忙，跟著我累。我自己忙、累沒關係，還叫大家忙和累。但為了佛法的弘揚，為了使眾生得到佛法的利益，為了人間少一些苦難，我想這樣做還是值得的。

法鼓山將來做什麼

現在我說明一下法鼓山未來將做些什麼事？法鼓山是屬於整體佛教的，也是屬於全民教育的一個地方。法鼓山不是一座普通的寺院，而是一個學府，是一個提昇人品的修行中心。法鼓山不僅僅是臺灣的，也是國際的、全世界的。法鼓山不僅僅是現在的，也是未來的。

法鼓山目前的方向是教育，共分二類，第一類是普化教育，也就是農禪寺和美國道場正在做的——培養學法、弘法、護法的人。我們提供場地和環境讓人深造、成長、修行和學習；待他們修學佛法之後到各地去，多多少少可以弘揚佛法，教人修行、帶人修行。第二類是研究所教育，做學術研究、文化出版等工作。我們努力使中國的佛教在國際上有地位，也使佛教在學術界獲得一定的地位，使佛教在教育界開闢一個層面並有具體貢獻。我們培養人才，期望對社會、國家和世界，在文化、教育、學術等方面有所貢獻。

法鼓人文社會大學

將來我們還會有一所人文社會大學。法鼓山的建造工程分兩個段落：第一段落的研究所結合了農禪寺和中華佛學研究所的功能。第二段落又是另一個層面，是要成立一所大學，其中又再分成兩期：

第一期的人文社會學院，成立三個系和一個所，三個系包括以佛教為主並兼容其他宗教的宗教系，該系畢業生可進入佛學研究所深造，也就是說佛學研究所可消化宗教系佛學組的畢業生。其次是語文系，包括佛教語文，如梵文、巴利文、藏文等，此外有歐美語文和東方語文等應用語文。我們可以把佛教經典翻譯成各國語文，將外文佛書譯成中文。而我們也希望有人能研究世界其他的宗教，所以會開希伯來文和阿拉伯文的課。語文的筆譯和口譯人才，不僅佛教需要，社會上到處也都需要，我們培養出來的人，一定會被各界搶著用。語文的人才在將來的需求量勢必愈來愈大，因為人與人之間的交往、文化與文化之間的交流，以及宗教與宗教之間的溝通都是藉用語文。第三個系是社會系，重視社會人心的啟發。我們正在提倡心靈環保，正是屬於這一層面；目前一般的社會系重點在社會工作，我們則著眼於社會風氣的搶救、社會人心的改善和社會理念的推動，這和一般大學的社會系是不同的，頗受教育部和專家學者們的肯定和讚歎。

- 人文社會學院
  - 系
    - 宗教系
    - 語文系
    - 社會系
  - 所
    - 佛學研究所

第二期的人文社會大學，則是一所完整的一般大學規模，共有十二個系九個所，內容名稱尚未確定，但一定會配合社會、國家及世界大環境的需要，只要能力所及，凡有助益於世道人心的就予以開設。這個大學採精簡走向，學生人數控制在四千人之內，教育的設備和環境則力求完善有特色，以「境教」來使學生在人品上、心理上都足以為人中師範，以便推廣並實現人間淨土，也就是實現法鼓山理念中的兩句話：「提昇人的品質，建設人間淨土。」

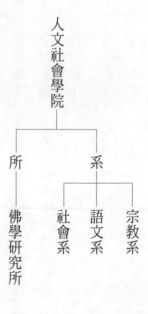

一大使命．三大教育

綜合以上的方針和理念，可知法鼓山目前已經推動而未來會一直推動下去的「一大使命、三大教育」。一大使命是推動全面的教育。三大教育是：

（一）大學院教育：也就是研究所、人文社會大學的教育，也包括函授教育及寒暑期的學校在內。

（二）大普化教育：包括禪坐、念佛等修持，以及各種弘化活動，用以培養布教師的教育和設施，並有計畫地培養在家居士成為弘揚佛教的專職人才，分別擔任禪坐等修持的帶動、佛法的傳播，最起碼的也能擔任法鼓山之理念的說明和淺顯佛法的講解。在大普化教育中，有修行安養中心、佛教歷史博物館，有文化出版的部門，包括雜誌、刊物等等各種文字出版品，以及其他傳播媒體，如電台、電視、報刊等節目的製作與資料的蒐集提供。

（三）大關懷教育：我們目前正在推動的是禮儀環保、生活環保、臨終的助念關懷、亡靈安頓設施、清潔日的活動、貧病救濟、醫院醫療的支援等等，凡與法鼓山的理念相應的，我們都在盡心盡力地做。我們要用關懷來達成教育的功能，同時以教育來完成關懷的任務。

以上所述，很明顯地標示出法鼓山的未來，告訴我們將會怎麼走出明日的世界來。

（一九九四年四月十二日聖嚴法師口述，葉翠蘋居士錄音整理，原收錄於法鼓山小叢刊《法鼓傳法音（二）》）

法鼓山的山徽

法鼓山的山徽，圖形純樸，輪廓鮮明，予人有在一眼之間印象良深的感受。列於全世界的標誌之中，也是一幅極有創意而又獨具風格的藝術作品。

這件作品是於一九九〇年三月十二日揭曉，是在法鼓山公告徵求之後，從六十五件應徵作品中，脫穎而出。這是陳志成先生的傑作，當時他尚在國立師範大學美術系讀書。我們請到的評審委員，有名雕塑家楊英風先生、國立藝術學院美術系主任黎志文教授、國立師範大學美術系陳景容教授、國立歷史博物館研究組主任劉平衡先生、法鼓山佛學研究所遷建工程建築師陳柏森先生。我雖是主持人，但是我一向尊重專家的意見，結果是以投票方式通過。嗣後經過大家討論，並徵得作者的同意，將原圖略微修改，便是現在我們所見的山徽。

其實我以外行人的角度判斷，心中也覺得陳志成先生的作品最合意。此圖的圖案雖似抽象，但其涵義卻融合了在法鼓山轉大法輪、在法鼓山修行禪定等的多項精神。作者陳先生對其作品的創意，深具佛法的內容，我給它的解釋是這樣的：

整幅圖形，是佛陀轉法輪時的手勢，名為「說法印」，佛陀以說法來為眾生解除心中的煩惱之結，便用雙手做了一個解結的手勢，解結之後左手未動，右手上揚，表示問題已經解決了。我們這幅圖形，便是佛的那隻上揚的右手。

左邊是三隻張開的手指，代表著法鼓山的那座山，右邊兩隻手指畫成一個抽象化的修行人，在山中禪修入定。

左邊三隻手指代表著佛教的全體，那是象徵佛、法、僧三寶。它又代表著佛法的準則，那是象徵諸行無常、諸法無我、涅槃寂靜的三法印。它也代表著修學佛法的根本，那是象徵戒、定、慧的三無漏學。

整個手勢有五隻手指，是象徵人、天、聲聞緣覺、菩薩、佛的五乘共法；

方便為五乘，究竟一佛乘，所以五根手指皆不離同一隻手。一手加五指，便成六數，象徵著布施、持戒、忍辱、精進、禪定、智慧的六度。

手勢的大拇指及食指，可以看成只有一隻手指，與左邊的三指相加，共為四指，是象徵佛法化世的基本思想和根本方法，那就是苦、集、滅、道的四聖諦。也象徵著菩薩化世的功德：布施、愛語、利行、同事的四攝法。

食指僅有橢圓形的一個點，象徵著一個人頭，將此連接拇指指尖看，是禪修者的頭，若將之置於左右兩側的中間空隙上方來想像，又是一個從下向上脫空而出的人頭，象徵人間受到佛法的救濟，解脫了三界的苦難。

（一九九五年五月二十七日寫於美國紐約東初禪寺，原收錄於法鼓山小叢刊《法鼓山的方向》）

感恩無限

諸位萬行菩薩、諸位悅眾菩薩、諸位貴賓菩薩：大家好，阿彌陀佛！

我們要感恩佛、法、僧三寶，由於三寶的恩賜，讓我們的人品提昇，讓我們的人間淨化。更要緊的是，由於修學佛法、護持佛法、弘揚佛法，使我們以法鼓山為中心，彼此關懷，互相照顧，一起學習，共同成長。

共同負起積極的護法責任

我要感恩在座的諸位菩薩，你們都是法鼓山的核心幹部、悅眾菩薩，你們都是我聖嚴的手腳。你們是法鼓山淨化人心、淨化社會的模範和象徵。也可以說你們就是今日法鼓山觀音殿所供那尊觀世音菩薩的化身！諸位菩薩，你們要有這樣的自信！你們一定要負起這樣的責任！如果沒有你們諸位認同法鼓山的理念，我聖嚴便是一個無能無德的人。

今天與法鼓山的各項弘法護法事業有直接相關的人，已超過三十萬了；間接受到法鼓山理念所影響的人，則更遍及全國乃至世界各地。而今天在座的諸位菩薩，便代表著他們的全體光榮，也當負起更加積極的護法責任。我在這裡請求諸位，我們今天廣大社會，也正在期望著你們，等待著你們一起來建設人間淨土。

我聖嚴，為了報答三寶的化導之恩，為了報答父母的養育之恩，為了報答師長親友的教導鼓勵之恩，為了報答社會國家的保護之恩，為了報答你們諸位菩薩的忠心追隨及熱心護持之恩，我願奉獻我的全部生命，來與大家共同推動法鼓山的理念，好讓人間淨土，在我們的生活環境中，早日實現。

你們諸位菩薩，能夠認同法鼓山的理念，共同來耕耘法鼓山這塊肥沃的功德福田，修福修慧，安心、安身、安家、安業。應當感恩你們自己有智慧，所以選擇了法鼓山；應當感謝你們自己有福報，所以來到了法鼓山。也應當感謝你們與我聖嚴的宿世善緣，跟著我來一同開創人間淨土——法鼓山。也應當感謝我聖嚴為諸位菩薩提供了法鼓山這樣的一塊功德福田。

法鼓山的一步一腳印

法鼓山的覓得，是在一九八九年春天，我在農禪寺集合了一千多位僧俗蓮友持誦了二十一遍〈大悲咒〉的感應而找到。在這之前，我已花了八年的時間找地，始終沒有找到。所以，法鼓山是觀世音菩薩給我們提供的。因此，應當感謝的不是我聖嚴，而是大慈大悲的救苦救難觀世音菩薩。

法鼓山開創以來，已經過六年多，由於山坡地的開發，手續繁複、工程艱難，預定到本年（一九九五）十一月中旬，水土保持及道路工程部分便可完成。然後申請雜項工程使用執照，接著申請地目變更為建築用地，再申請建築執照，進行景觀工程及建築工程。預定一九九九年底，或可望於西元二千年時，必定全功告成。

法鼓山第一期工程的硬體建設，屬於中華佛學研究所的遷建增建部分。土地購買的費用不計在內，單是道路及各項興建工程的費用，最新預估是新臺幣十二億六千萬。迄目前為止，由於六年多來全體護法信眾的捐款護持，這筆龐大數字的預算，已經募夠了。

我要在此代表法鼓山全體僧俗四眾，向諸位功德主說：感謝再感謝、祝福再祝福。

我對經費管理的要求有四原則：合理、合法、安全、透明，請大家相信法鼓山的財務管理制度。

以大無畏精神培養弘法人才

但是，我們法鼓山的勸募工作，不僅仍需要繼續推動，並且還要全心全力推動，更要全面地推動。為什麼呢？這有兩個理由：

（一）第一點理由：若要提昇人的品質，佛教必須培養高水準的弘法、護法的人才。那就必須辦正規的佛教高級教育，我們的中華佛學研究所，十六年來已培養出一百零八位畢業和結業的僧俗人才，迄今已有三位獲得日本及美國著名大學的博士學位。可是非常遺憾：我國的教育部，在師資及研究生資格程度的要求上，要我們比照一般大學的研究所，卻又不承認畢業研究生的學位，也不認可教授們的教授資格。這使得我們漸漸地請不到老師，最嚴重的是，我們自己培養出來而在國外取得最高學位的人才，也無法應聘回來本所任教，以致造成人才外流。漸漸地，我們的高級佛教教育勢必被迫停辦。

因此，在一九九三年，趁著教育部於數十年來第一次開放人文科系的私立大學申請，我們法鼓山便在同年九月向教育部提出設立「法鼓人文社會大學」的申請案，可將佛教高級人才的培養，納入我們自設的正規大學系統，有計畫地培養各種弘法、護法及研究、文化、教育、社會關懷的佛教人才。設立九個研究所、十二個學系。全部經費預估是新臺幣五十八億多萬元。這一筆錢，需要我們的努力。相信諸位菩薩，也一定會贊成。對嗎？同時，另一項不得不做的硬體建設，是「法鼓禪寺」，包括一般信眾的修養中心，各種中、短期的佛教人才培養中心，老年信眾的安養中心，最後關懷的萬蓮中心，以及佛教歷史博物館。這項計畫，已有腹案，尚未規畫，但卻是勢在必行。相信諸位菩薩們，也在期待這座法鼓禪寺的早日出現。對嗎？

勸募是修行菩薩道的大功德

（二）第二點理由：諸位菩薩，早已知道，法鼓山不僅是坐落在臺北縣金山鄉的一個地名位置而已，更是代表著一個理念、一種精神、一個方針、一種方法。那就是法鼓山全體僧俗四眾的共識。我們法鼓山推展護法系統的活動以來，已經六年多，便是通過勸募的關係，用法鼓山的共識，來互相勉勵，彼此關懷，共同成長，培養信心，提昇人品，安心、安身、安家、安業。所以我經常說：「只要有人認同法鼓山的理念，實踐它，弘揚它，那個人就代表著法鼓山。」

因此，我們為了以法鼓山的理念來自利利人，淨化人間，不論何時何地，都應隨時勸募，隨地勸募。不論勸募款項多少，勸募的工作一定要做，因為它是修行菩薩道的大功德。不論人家給不給錢，只要能用法鼓山的理念，來關懷人間大眾，便是做著勸募活動的悅眾菩薩。

到一九九五年八月底為止，法鼓山勸募系統的成員已有二十多萬人，護持會員十九萬七千七百七十四人，勸募會員三千零十七人，委員二百二十一人，預備委員二百一十人。另有念佛會、禪坐會、助念團、義工團、觀音會、藥師會、社會菁英禪修營、教師禪修營、大專青年營、榮譽董事會、法緣會。另有禪訓班的學員，以及由我授三皈依的信眾共約十五萬人。

今晚到會的四千位菩薩，便是代表著所有信眾的信心及所做的一切功德，我不僅要向你們致謝，更應當向你們致敬。並請諸位將我的謝意、敬意和祝福帶給你們相識與法鼓山相關的人。正因如此，做為法鼓山的萬行菩薩及悅眾菩薩，便有權利多多學習運用法鼓山的共識，隨時以身作則，發揚自安安人、自利利人的菩薩精神。大家有責任不斷地在自我成長中，同時要薪火相傳、燈燈相傳，照亮自己、照亮家人、照亮社會、照亮人間。

人的生命有限，菩薩的悲願無窮，勉勵大家要用極其有限的生命，來做無量無盡的功德，那就是盡量運用時間，研讀六種法鼓山小叢刊。親自實踐它，並且要讓更多更多的人來分享它。

祝福諸位菩薩：福慧雙修、身心平安、萬事如意、早成佛道。拜託囉！謝謝啦！

（一九九五年九月三十日講於臺北國父紀念館，刊於《法鼓》雜誌七十期）

法鼓山邁向十週年

由於大時代的啟發、大環境的影響、許多人的貢獻，法鼓山這個佛教團體，成立以來，已經快要邁向第十週年。我們走得辛苦，但是相當踏實；我們成長得慢，但是相當穩定；我們不敢自滿，但是非常欣慰。

法鼓山原本一無所有，僅憑著淨化人心與淨化社會的弘願，推出了我們的理念：「提昇人的品質，建設人間淨土。」因而有了響應的群眾，共同來實踐此項理念，展現了持續性的兩大社會運動，那就是四環與四安：首先是以心靈環保為主導，接著有禮儀環保、生活環保、自然環保的全面推廣，然後又發起了安心、安身、安家、安業的全力宣導。今年（一九九八）我們的重點工作是

「我為你祝福」的全民運動，明年（一九九九）的中心工作則為大家平安的全民運動，也都是圍繞著法鼓山的理念，向前一步又一步地踏出去。

我們法鼓山的使命，是「推動全面教育」，以三大教育來完成這項使命：1.以大學院教育培養建設人間淨土的高級專業人才；2.以大普化教育推廣各項提昇人類品德的活動；3.以大關懷教育普及各項溫暖人間環境的服務。

以上的一大使命、三大教育，都是為了實現法鼓山的理念，我們也依此努力了許多年。今年，法鼓山的第一期工程，四月取得縣政府四張建築執照之後，已於八月十四日灑淨開工；教育部六月核准法鼓人文社會學院成立後，七月二十八日召開了第一次董事會成立大會；今年八月確立了法鼓山的形象定位為「全面教育」等等。

這些成果的獲得，絕對不是聖嚴個人所能倖致。我必須感恩法鼓山體系內的每一位成員，由於大家在默默之中全力奉獻，始有法鼓山的今天。我也要感謝佛教內外的各界人士，對於法鼓山理念的認同而來響應支援。這使我們在感激之餘，獲得了更加堅定的信心和願心，法鼓山當為明天的人間社會，繼續擔負起擴大淨化工作的責任。因此，為了迎接嶄新的二十一世紀的來臨，法鼓山正計畫於明年度推出十大平安運動，使我們內部的成員，在穩健中成長，使我們整體的社會，在平安中繁榮。

對於一個人而言，長到十歲，尚是小孩；對於處身於今日社會的一個佛教團體而言，運作十年，已不算小了。法鼓山如不進步，就被淘汰，如不更新，就會衰老。唯有時時警惕，不斷地檢討，不斷地再造，才能維繫過去，開展未來。

我對我們法鼓山的團體，充滿了信心，因為我們的成員，只想要以奉獻自己來成就大眾，都知道唯有成就大眾才是造福自己的最好方法。我們有光榮的過去，得來不易，應當珍惜；我們有無限的未來，尚待開發，必須精進。

謹以如上數語，為大會祝福，向大眾致謝！

（刊於《一九九八年全民祈福平安大法會手冊》）

感恩與分享

——法鼓山開山紀念堂

一項理念的推動，一個願景的實現，必須有賴眾多因緣的促成。法鼓山所提倡的「人間淨土」，必須是結合人間社會每一個人共同努力來實現的。十多年來十方護法信眾們在三寶的感召，以及龍天的護持之下，前仆後繼，共同開創法鼓山，希望能促成「世界一家」的佛教教育園區早日完成，為全人類帶來光明的願景。

在大家共同走過篳路藍縷的歲月中，留下了許多值得紀念的人與事，這些人物與事件，既參與了法鼓山每一次往前跨進的因緣，也見證著人間淨土步步推展的過程。為了感恩全體參與奉獻的護法信眾，大殿建築的一樓，目前正在進行規畫「法鼓山開山紀念堂」，希望銘記這段歷史永遠懷念。

我們把開山紀念堂，放在大殿的最下一層，也就是根本基礎的一層，目的是為了感恩及飲水思源；主要以兩個方向來表達和呈現：

一、我的法源：從釋迦牟尼佛，然後歷代的祖師，到我的親教師，也就是我的傳法的法師，都是我的恩人；由於他們的關係，我才能夠有佛法可用，覺得佛法是那麼地好，對我這麼有用；我不知道怎麼感恩、報恩，只有把佛法分享給別人，為了要把佛法分享給別人，就要通過種種的方式，來使得更多的人，接觸到佛法，所以我認為開辦佛教教育，是最好的辦法。從教育、文化，以及對社會的關懷，各種角度去切磋和接引有緣的眾生，都能夠接受到佛法的好處，以此來感恩、報恩。

二、這樣一來，我另外一個方向的恩人不斷地又出現了，也就是知道法鼓山要建設佛教教育園區，來培養人才、關懷社會，所以陸陸續續地就有許多的菩薩們響應捐款，以及參與我們的各項活動。有錢的出錢，有力的出力，把他們的各項資源，提供給法鼓山。這樣一來法鼓山在硬體方面建設起來了；而軟體的建設，教育的事業也逐漸辦起來了，因此這些護持法鼓山的人，也都是我們的恩人。

我希望不僅是對這些贊助、支援者感恩而已，雖然這些菩薩們有一些已經得到佛法的利益，有一些只是贊同我們的理念而來支持，我並沒有直接給他們什麼好處。我不知道如何感恩他們，因此以開山紀念堂來感恩大家。

有的人可能會誤解，認為開山紀念堂只是紀念開創法鼓山的那位聖嚴法師，我覺得非常地慚愧，我們有那麼多的菩薩參與建設法鼓山的行列；每一位菩薩，都是法鼓山的開山成員之一，因此這個開山紀念堂，是屬於每一個人的，不是我個人的，我只是一個因素而已。所有其他的各項因素，都是屬於大眾的。

有的人誤解，當建築完成時就是山已經開好了，我就是開山祖師，第一代的住持，房子建好以後，山就是開好了，就好像沒有事了。其實開山，是要開每個人心中的山，開山的意義，就是開每個人自己心中的寶山，那就是如何成就智慧，成就慈悲心，來共同為我們的社會乃至全世界，提供和諧、平安，快樂、健康，這才能夠叫開山。因此這個工作是永遠做不完的，只要每天有新的生命出生，這個人心中的山還是需要開。因此我們這座山是無盡藏，是一個寶山；而我們的開山紀念堂，不僅僅是從過去到現在為止的贊助者，未來凡是參加法鼓山建設的，或是法鼓山理念的推動者，都是開山紀念堂的成員，這就是開山紀念堂的真正意義。

（二〇〇五年八月一日，刊於《法鼓》雜誌一八八期）

大悲心起，是大家需要的教育事業

諸位菩薩善友：

首先要向諸位感謝，給我聖嚴個人以及我們法鼓山這個團體的支持和關心。經過十六年的歲月，硬軟體的各項建設，終於粗具規模，並訂於本年（二〇〇五）十月二十一日，要舉行第一期建設工程的落成開山大典了。我向諸位報喜，也請諸位回來，共襄盛舉。

今天不辦教育，佛教便沒有明天

在我的一代之中，乃至在宋明以來的中國佛教史上，所見的佛教人才，都不是從計畫性及制度性的教育體系中培育出來的。因此，我也相信，不世出的偉大人才，不一定要有人來培養，自有乘願再來的菩薩，脫穎而出。但是，一般的人才，必須要有常設性及標準性的教育機制，來積極培養。所以，渴望接受教育，是我少年時代就開始的憧憬，呼籲興辦教育，是我一生一世所懷抱的責志。我也經常大聲疾呼：「今天不辦教育，佛教便沒有明天。」

我之所以要在三十歲的年代入山掩關，只因為當時的國內沒有適當的修行環境；我之所以要在四十歲的年代負笈東瀛，只因為當時國內沒有培養高級佛教人才的教育機構。我是為使佛教擺脫被視為迷信和低級的形象，為使佛教的僧尼，不再遭受被歧視的命運。所以要充實自己，所以要出國留學。故當我一回到國內，便開始了我的教育事業。

辦中華佛學研究所的契機與轉機

我們和一般人所辦的教育事業，有點不一樣，因為我是佛教的僧侶，我的教育工作，也是以佛法來使眾生離苦得樂做為重點目標。教育的功能，不僅是為傳授謀生的知能，更重要的是以淨化的教育，來移風易俗，淨化人心，淨化社會，讓我們的世界，更有安全、安定、和樂的保障。

因此，當我完成學位而應邀前往美國之後，雖沒有學校可教，卻有學生跟我學習佛法的義理，以及禪修的方法。當我回到臺灣，所能做的工作，也是借用北投的中華佛教文化館僅僅一百多坪的場地，連續舉辦了好多次大專青年的禪修活動，開創了臺灣佛教界的禪修風氣，也為臺灣的佛教，建立了新的生態。

接著由於當時中國文化學院（中國文化大學的前身）聘我為哲學研究所教授，以及中華學術院佛學研究所所長，我便在國內學府，開創了招收佛學碩士班研究生之先例。

招生三屆之後，由於學校的人事變動，裁撤了佛學研究所。對我而言，那既是危機，也正是轉機，促使我於一九八五年在中華佛教文化館成立了「中華佛學研究所」，迄今又歷二十一個年頭。

因為我主張研究佛學者必須要有實修的體驗，學以致用，始能真的使人離煩惱之苦，而得法喜和禪悅，所以創辦佛學研究所的同時，也持續地在北投的農禪寺主持禪修的活動。不數年間，前來親近我的僧俗弟子愈來愈多。

到了一九八九年春天，我雖已是花甲老僧，卻有感於必須要為佛教培養更多實學實修的人才，以便接引更多的人來分享佛法的利益，便覓得了臺北縣金山鄉的一片山坡地，命名為「法鼓山」，於是我們便開始了馬拉松式的工程長跑。

為了建築，必須募款，我在兼顧教育工作的同時，也必須分出時間和心力，來關懷勸募體系的護法信眾。響應捐款的信眾愈多，需要我付出關懷的對象也愈多，讓我有機會以佛法結善緣的機會亦相對地增加。以佛法來做關懷信眾的工作，實即也是一種教育事業。因此，我們法鼓山的工作任務，即是大學院、大普化、大關懷的三大教育；亦即是人類社會的全面教育、知能品德的整體教育、身心靈的全人教育，也是生命全程的終身教育。

創辦一所世界迫切需要的大學

目前法鼓山的中華佛學研究所，已培養出十多位博士，並有四十多位寫了碩士論文；創辦了僧伽大學佛學院，第一屆已修畢四年學程；於本年，又獲得教育部批准，設立國內第一家單一宗教的法鼓佛教研修學院；至於籌設中的法鼓人文社會大學，如今正在積極進行山坡地的整土工程，預定明年建了校舍之後，即可招生了。

雖然有人質疑說：「臺灣的大專院校數量，已超過人口比例，學生來源並未增加，甚至逐年減少，將來的法鼓大學，以怎樣的優越條件來招收到優質的學生呢？」

我的回答是：「我辦的是不一樣的教育，我會兼顧三大教育，來發揮全面、整體、全人、終身的四項教育功能。目前國內外的大專院校雖多，能有這種功能的尚不多見。我們不是僅為國家社會增加一所大學，而是創辦一所這個世界迫切需要的大學。」

盡形壽、獻生命、報無盡的恩

因此，現在我們舉行的落成開山大典，尚算是法鼓山教育事業的另一個起點，除了藉此機會，讓我緬懷和感恩多年來關心我個人，尤其是護持法鼓山的僧俗四眾、各界菩薩善友，同時也讓我們展望未來，確立願景，堅定步履，再接再厲，為每一個個人營造超越，為國家社會及全人類的前途，謀求普遍永續的福慧平安，與和喜自在。

不過，十六年前，當我們找到法鼓山這塊山坡地時，我已是一個六十歲的衰病老人了，因此許多人料定我會為了張羅法鼓山的建設，而很快死掉。所以向我勸說：不如多念佛多打坐，多準備往生資糧，還打什麼妄想，還建什麼道場，累了自己又苦了徒眾，自害害人，犯得著嗎？

事實上，只因我從小瘦弱多病，故當我要做比較重大的決定之時，很少會被人看好的，不是預測我會拖死累死，就是擔心我會病死餓死，總之認為我會早死！幸虧我是從不計較早死晚死的，只知道生命是無常的，若不及時把握當前的每一分每一秒，來做奉獻他人和成長自己的努力，那就會白白地空過一生了。就這樣，我還是一關又一關、一年復一年地走了過來，真可說是關關難過關關過，年年難度年年度。

因此，如今的我，雖已是七十六歲，我還在為了要報佛恩、法恩、師恩、親恩、國家恩、眾生恩，為了社會人心的淨化，為了後代子孫的幸福，要建一所別開生面的、是以心靈環保為主軸的大學。祈求十方菩薩善士，全力支持，給我們都有一個盡形壽獻生命的機會，為我們的未來世界，培養出一群一群的優秀人才，都能擔任心靈環保的工程師，讓我們在尚未往生佛國淨土之前，先將我們的地球世界建設成為一個人人都能安居樂業的人間淨土。

這次的落成開山大典，採用「大悲心起」做為主題的用意，第一，由於法鼓山是闡揚大悲觀世音菩薩救世精神的團體；第二，法鼓山這個團體的教育事業，是以學習觀世音菩薩的大慈大悲，來做救苦救難救濟世界的救心工作；第三，喚起世界人類，都能生起救人救世的大悲心來；第四，期以法鼓山的開山大典，帶動整體的社會大眾，都能普遍持久地生起大悲心來，關懷各自的家屬、親友，乃至一切眾生，不論親疏，都讓大家生活在健康、平安、幸福、快樂、和諧的地球村中。

諸位菩薩善友！請給我們大家一個奉獻的機會、一個成長的機會，來種福田；請給我們的後代子孫一片淨土、一個希望，呼籲更多的人，來共同支持我們的教育大業。

（二〇〇五年九月一日，刊於《法鼓》雜誌一八九期）

誦《法華經》護持法華鐘

《法華經》是大乘經典中地位最高的一部，被稱為「經中之王」，含括了小乘、大乘的思想。在許多大乘經典中，都提到有些人不能成佛，但在《法華經》中，任何人，即使罪大惡極，只要心念一轉，就有成佛機會，例如提婆達多是個犯五逆罪的人，但亦有成佛的可能；此外，女人一向被說有五障，不能成佛，但《法華經》中的「龍女」是畜生、是女性，不但最後成了佛，還示現佛身。因此，大家誦持《法華經》後，一定要相信自己能成佛。

《法華經》中有一品〈觀世音菩薩普門品〉，是觀音法門中重要的一品，有人把它獨立成一部經典。自古以來，很多大德都註解〈普門品〉、弘揚〈普門品〉，因為其修行方法最容易，只要稱念「觀世音菩薩」名號，什麼困難都能獲得解決。

〈普門品〉所說的並不是什麼高深的學問，任何人都可以懂，只要我們實踐它、持誦它，就能夠學習觀音菩薩，成為觀音菩薩的代表，也能夠「普門示現」。例如看到小菩薩，我們就像小菩薩的樣子，小菩薩就會喜歡你；遇到有地位的人，就化身成有地位、有威嚴的人跟他們接觸，他們就會願意跟你在一起，你就能幫助他們，這就叫作「普門示現」。「普門示現」是佛陀介紹觀音菩薩時，提出那是最容易修，而且能適應所有人的法門，它不一定只有三十三種化身，可以有千手、千眼。

我從小沙彌時代起，就養成隨時隨地念「觀世音菩薩」的習慣；而我們之所以能找到法鼓山這塊地，就是大眾一同持誦〈大悲咒〉、念觀音菩薩而來的啊！所以，法鼓山是一個觀音菩薩的道場。

這次法會是為了未來山上將放置的法華鐘而舉辦。將來法華鐘就代表觀世音菩薩的普門示現，以及《法華經》的精神，也就是會三乘入一乘；因此法鼓山能吸納融會一切宗派，匯歸而成為漢傳佛教、禪佛教。將來只要撞一次法華鐘，那一個鐘聲就代表一部《法華經》，大家就也等於聽到了一部《法華經》。

（二〇〇五年四月九日講於北投農禪寺「法華法會」，原收錄於《二〇〇五法鼓山年鑑》）

為什麼法鼓山的鐘以《法華經》銘文

有「經中之王」之稱的《法華經》，是漢傳佛教最重要的經典之一。經文主張：不論有無善根，善根是深是淺，將來必定成佛。《法華經》超越了社會階級、男女性別、眾生類別，也超越各式各樣的族群，甚至連造十惡五逆的人，最後皆能成佛。

由於《法華經》不捨任何一個眾生，因而為我們這個世界的眾生帶來了希望。在今天這樣多元化的社會環境和時代中，《法華經》的包容性和消融性，正為我們所需要。

法鼓山是一處觀音道場，而《法華經》中的〈觀世音菩薩普門品〉，象徵普門示現、平等救人濟世的功能。以《法華經》的立場來看，眾生千差萬別，成佛有先有後，不同族群、階層及文化背景，各有不同需求。用什麼方法，才能適合各類眾生，使眾生最後都能成佛？唯有觀音菩薩的千手千眼，就像天上的月亮，最能普照娑婆世界的每個角落。

法鼓山也是一處禪宗道場，禪宗主張頓悟成佛，《法華經》的〈方便品〉云：「一稱南無佛，皆已成佛道。」也就是說，只要種下成佛的因，便已成就佛的功德。這就是禪宗思想：一念與佛相應，即是佛心，可以說《法華經》也講圓頓法門。

漢傳佛教的念佛淨土有兩大主流：阿彌陀佛淨土和彌勒佛淨土。在《法華經》裡，不僅提倡阿彌陀佛淨土，也提倡彌勒淨土。另外，〈如來壽量品〉中說：「於阿僧祇劫，常在靈鷲山，及餘諸住處。」指的是有《法華經》、或有人宣說《法華經》的地方，即是靈鷲山，即是佛所在之處。也就是說，有《法華經》的地方，就是佛的淨土所在。這些與法鼓山的人間淨土都是相應的。

因此，法鼓山將整個《法華經》的內容，做為法華鐘上的銘文，因為它象徵了全體的佛法，攝眾化眾，利益眾生，普濟世間，從而建設淨土。

法華鐘用佛法拯救世界、照顧世界，代表無限光明與希望，因此，朝拜法華鐘，就等於拜了一部《法華經》與一卷〈大悲咒〉；撞響法華鐘，就等於佛向眾生說了一部《法華經》，佛國淨土由此示現人間。

（二〇〇六年一月十二日講於法鼓山園區，原收錄於《二〇〇六法鼓山年鑑》）

法鼓山的
參學與導覽

參學禪修的原則和方法

今天這堂課，並不是要講什麼大修行方法的指導原則，而是講「參學禪修的原則和方法」。

法鼓山每個人都應該知道，我們既然名為「世界佛教教育園區」，並以「心靈環保」、「漢傳禪佛教」為首要的弘法重點，便是希望每位來到法鼓山的人，不論是佛教徒或非佛教徒，都能體驗到法鼓山禪修的觀念和方法，感受到法鼓山與其他觀光景點不同；不論來山的時間長短，都能有收穫，離去以後還可以回味，並在平時的生活中有些用處；這樣才是真正發揮了法鼓山世界佛教教育園區的功能。

一、引導正確的參學心態

由於來山上參訪的人，多半是九點以後才陸續到來，因此導覽菩薩也大約是九點到齊，特別的日子則提早於八點準備。

九點過後，訪客陸續抵達；有的停留一、兩個小時，有的留下來用午齋；有的用完齋就離開，也有的繼續參觀，但是到了下午五點，天色已晚，就一定要請大家下山了。

（一）觀念的建立

凡是有人來參訪，不管來山幾小時，當他們在大停車場下車之後，導覽菩薩的工作也就開始了。

導覽的職責，第一，要引導訪客建立參訪法鼓山的認知，也就是用什麼樣的態度來體驗法鼓山？首先，要告訴他們：

法鼓山是「靈山勝境」，是「北臺灣第一聖地」，是「觀世音菩薩道場」。既然來到第一聖地的寶山，請大家不要空手而回，不管時間長短，都能夠有收穫——這是我們希望奉獻給諸位貴賓的禮物。

諸位上法鼓山來，請將山上的一草一木，當成菩薩；不論見到任何一位法師、任何一位居士，都能夠合掌。合掌是佛教徒表達禮敬的一種方式；能夠尊敬別人，就是尊重自己。如果是第一次來，不習慣合掌，點頭致意也可以。

法鼓山是一處清淨的佛教聖地，請大家用心體驗這種清淨的氛圍，這是世俗環境不容易有的體驗，我們叫作「淨化身心」，對你們是有幫助的。如果諸位不能有此體驗，那是很可惜的，等於白來一趟了。

如果是其他宗教的信仰者，您的信仰也很好，跟來法鼓山是沒有妨礙的。但是上法鼓山來，希望您能尊重這裡是佛教聖地，看看佛教有沒有值得參考的地方，並不是要教您改變信仰。

經過這樣的引導以後，人們來一趟法鼓山，對佛教的印象可能就會改變，看法也會改觀。

（二）體驗的方法

其次，要提醒來訪的菩薩：上山的時候，沿途要注意什麼？如何欣賞法鼓山？該怎麼走？該怎麼看？該怎麼聽？

方法之一：如果是佛教徒，請他默念「觀世音菩薩」；如果是非佛教徒，請他留心自己的呼吸，留心自己的腳步。

方法之二：建議菩薩一路上練習聽溪、聽風、聽雨；聽的時候，不去思考、不給名字、不給形容、不給比較。練習看水、看樹、看花、看一路的景色；看的時候，不去思考、不給形容、不給比較，也不給名字。上山、下山都用這種方式，實際上就是修行。以上這些提醒，即使只有一個人，或是只停留一個小時，都不能省略；如果是一群人或是一個團體，那就需要有一位導覽菩薩來引導。這樣每個來法鼓山的人都會有收穫。這是最基本的。

這是關於參訪的心態和體驗方法，我再重複一次：

歡迎諸位來到法鼓山，這裡是「靈山勝境」，是「北臺灣第一聖地」，是「觀世音菩薩道場」。

在上山的過程中，請大家能夠保持安靜，不要交談，不要喧嘩。走路的時候，慢慢地走，體驗自己的腳步；慢慢地走，欣賞這裡的環境。一邊走路，一邊心中默念「南無觀世音菩薩」。如果不想念觀世音菩薩，體驗自己的呼吸，或是體驗自己的腳步也可以。

沿途所見的一草一木、一水一石，請以尊敬心來對待；不論見到任何一位法師、任何一位居士，最好都能夠合掌。合掌是佛教表達禮敬的一種方式，能夠尊敬別人，就是尊重自己。

如果是其他宗教信仰的朋友，合掌的動作做不來，那就像平常見到人點頭致意也可以。諸位到了法鼓山，不妨看看佛教有沒有哪些地方值得參考，哪些地方可能對你們有用，並不是要教您改變信仰。

從大停車場上山的一路上，請大家練習聽溪、聽風、聽雨；聽的時候，不去思考、不給名字、不給形容、不給比較。練習看水、看樹、看花、看一路的景色；看的時候，不去思考、不給形容、不給比較，也不給名字。上山、下山都用這種方式，就是在修行。

法鼓山是清淨的佛教聖地，希望諸位都能在這裡體驗身心淨化的好處，不要把俗世的塵勞帶上山來。山上沒有塵勞，諸位如果見到塵勞，那是諸位帶來的。在這處靈山勝境，北臺灣第一聖地的觀世音菩薩道場，請大家能夠用心感受，這是世俗環境不容易有的體驗，對你們是有幫助的。所謂「入寶山莫空手而回」，法鼓山想要奉獻給諸位的就是這些，如果諸位到法鼓山卻不能有此體驗，那就很可惜了。

二、導覽以攝心、安心為要

（一）導覽人員不是導遊

通常來參觀的人，都是抱著遊覽的心態和期待，和朝山禮拜的人不同。因此導覽人員要留心，千萬不可把自己當成旅遊團的導遊，一路拿著麥克風，介紹這是什麼、那裡又是如何，講個不停。我們有導覽手冊，手冊上已有簡介，請訪客自行參考導覽手冊即可。

諸位不是導遊，而是代表法鼓山形象的導覽人員。諸位最要緊的不是介紹景觀，而是告訴每個來山的人如何欣賞法鼓山；當來訪的民眾散心雜話的時候，提醒他們要用修行的方法體驗、觀察。修行是用耳朵聽、用眼睛看、用身體體會，不用嘴巴講。一開口講話，心就散了，也會影響其他參訪的人。

從大停車場到遊覽車平台的這一段路上，如果導覽菩薩一開始就能幫助訪客建立正確的參訪心態，給予體驗的方法，那麼這一路上，他們就能感受到法鼓山的氣氛，是非常地寧靜、安靜，非常地可愛，這是其他地方難有的體驗。

（二）先說明參觀動線，現場不再講解

進入遊覽車平台後，通常是帶菩薩們至簡介館觀賞法鼓山簡介。播放影片之前，先告知影片名稱、內容大要和時間長度。看完之後，可以示範幾種坐姿動作，然後說明後續的行程動線。例如，依序概說即將參訪的定點、面對佛像的態度、每個佛殿的規矩等。

這些叮嚀在簡介館先說明清楚，不要到了大殿、開山觀音或祈願觀音殿現場才講，否則，容易破壞殿堂神聖莊嚴的氣氛。如果是來山兩、三小時以上的訪客，就在簡介館說明；如果只來山一小時，可能就沒時間提醒了。

（三）照顧隊伍的次序與安靜

我們到國外參觀一些神聖的宗教建築時，在還沒有進去之前，管理人員或者神父、修女等神職人員會在殿外講解，講解後進入殿堂便安靜下來。歐美如此，可是在東方社會，經常看到導遊人員率團一批一批進來，結果參訪現場立刻成為鬧哄哄的菜市場。因為現場參訪客多，講解的人也特別多，造成環境非

常嘈雜，而隊伍也容易因此走散。本來這一隊是某某帶的，結果留下聽他講解的只剩兩、三人，其餘都走散，聽別人介紹去了，後續行程的隊伍便零零落落的。因此，導覽人員要特別留意參訪隊伍的次序。

在進入每一個聖殿、每一個景點之前，請菩薩先看過導覽手冊的說明，掌握參觀的重點；到了參訪現場，再由導覽人員引導他們看，看完以後帶著離開，現場是安靜的。就如在開山紀念館，特別是在瓔珞關房前，很多人站在那裡指指點點，影響了參訪的秩序。其實關房的展示物都很清楚，不外是被子、衣服、蚊帳、床鋪、桌椅、板凳、書、架子，和幾隻小老鼠和蛇，關房外還有文字說明立牌，請大家安安靜靜地看，不需要討論。

導覽人員要照顧好參觀隊伍的秩序，請菩薩一邊參觀，一邊默念「觀世音菩薩」。山上的每一個地方都是神聖的，每一件展覽品，都可當成是觀世音菩薩的法器。如開山紀念館就是展示法鼓山的法脈傳承和大修行人的生活遺物，都是具殊勝意義的神聖法物。一邊看，同時默念「觀世音菩薩」，這樣一路下來，心是非常安定的。此外，也要提醒走路的時候，不管在哪一殿，腳步要放輕，像開山紀念館的地板已有好幾處磨損，所以要請菩薩的腳步放輕一些。

在我們山上，不論室內或者戶外，一個地方、一個地方地參訪，就是心靈環保的體驗課程；在參觀的過程中，導覽人員最重要的是帶大家調身、調心，身體的動作不粗魯，心便能安定。有些父母可能會帶著小孩子一起來，小孩子調皮喧嘩的時候，就對他做個「噓！安靜」的手勢。現在的小孩子很聰明，你給他做個手勢，他就不講話不吵鬧了，而父母看到導覽人員的示意，也會順勢教導自己的小孩守規矩。不要怕小孩吵鬧，小孩子吵鬧就輕聲提醒他念「觀世音菩薩」。

三、面對佛像的態度

（一）問訊、禮佛

進入佛殿內，要勸請參訪者禮佛，不想拜、不習慣禮拜的人，至少應行三問訊禮。蔣介石總統是基督徒，他到寺院雖不會跪拜，但是他一定脫帽行三鞠躬禮。我們希望每位來山的訪客見到佛像，都能夠行三鞠躬禮或者問訊，最好是能夠禮拜。如果是佛教徒、三寶弟子，則請他們禮拜。

另外，我們在佛前是不燒香的，以後可能會供花，在每一尊佛像前或是三門口設花攤售花。在東南亞一帶，許多宗教聖地都有獻花的作法。因為不燒香，很多人覺得空著手，好像少了些什麼，所以用花供來代替，讓來訪者可以在佛前獻花、供花。

現在山上禮佛的地方，主要是大殿和祈願觀音殿。我再提醒一次：在殿內是沒有聲音的。可以輕聲念「阿彌陀佛」、念「觀世音菩薩」，也可以拜佛。如果不想念、不想拜的人，請他們體會殿堂安靜、莊嚴的氣氛，看看建築、看看佛像，心也會定靜下來。大殿是神聖、莊嚴、清淨的地方。原則上，大殿只開放外殿的區域，內殿不可進入。導覽人員帶菩薩進入大殿以後，要站在前面，讓他們看到你。如果有人看到鐘鼓躍躍欲試，一定要制止。

西方的大教堂，其建築都很高、很大，教堂內非常地空曠，而神殿上通常只有一個十字架。可是人們進入之後，自然而然會安靜下來，如果有人出聲，周遭的人就會對其投以異樣的眼光。在教堂一片靜謐、莊嚴的氣氛中，就會感覺到自己跟神很靠近，好像神就在周圍。我希望山上的大殿也能營造出這樣的氣氛來。

（二）繞佛、繞鐘

到了開山觀音、來迎觀音公園，要勉勵菩薩們先拜佛，然後合掌右繞三匝，人多的時候則右繞一匝。右繞是順時鐘方向緩緩地走，一邊合掌，一邊念「南無觀世音菩薩」。

到藥師古佛公園，一邊在佛前繞，一邊念「消災延壽藥師佛」。到了法華鐘樓則是繞鐘，一邊右繞，一邊念「南無法華會上佛菩薩，南無妙法蓮華經」。

在山上參訪的過程中，沒有一個地方不是攝心、安心的道場，沒有一個當下不是教人攝心、安心的時刻，這是我們禪修道場的特色。

四、用齋的規矩

進入齋堂用午齋以前，導覽人員要先說明：「現在要進入齋堂了，齋堂就是飯廳，齋堂有吃飯的規矩，請大家遵守。」因為一批一批來參訪的人，不可能同時進齋堂，次序會有先後，諸位不要進了齋堂才講規矩，否則會干擾齋堂秩序。

進入齋堂前，先說明用齋吃飯的規矩，至於吃飯的姿勢是不是很標準沒有關係。吃飯的時候不講話，每吃一口飯，每吃一口菜，專心一意地體驗；每喝一口湯，每吃一片水果，都心懷感恩。感恩誰呢？感恩生產者，感恩布施者，感恩一切眾生，感恩三寶；同時也感恩自己有這份過去世修來的福報。福報是愈用愈少的，對過去世修來的福報要感恩，用了福報以後，要多布施、多結善緣、多種福田。

吃飯的時候不講話，用心體驗每一口飯菜的味道，一邊吃一邊感恩。試想全球六十五億人口之中，有十幾億人吃不飽，而我今天尚能有飯吃，豈不感恩！不一定在法鼓山吃飯才體驗、才感恩，回家以後也要練習。如果在法鼓山吃一頓飯而學得修行的態度、修行的方法，他的人品、品格自然會提昇。

用完齋後要感謝。怎麼感謝？就是打齋，歡迎大家來布施、修福報。有的人認為法鼓山供餐是免費的，吃過飯掉頭就走，勸他們打齋布施，他們還覺得驚訝：怎麼到廟裡吃飯還要給錢？這個時候要告訴他們：「布施是為自己種福田，也是與人結善緣，錢多錢少不重要，重要的是那一份心。」布施打齋的菩薩，我們會貼出一張打齋功德榜，有的人不想具名也無妨。

五、法鼓八式動禪

如果是一整天的參訪，導覽人員在用齋前先說明集合的時間，菩薩用過午齋後，可以有一段自由的時間在山上走走、看看。集合以後，就可以開始帶八式動禪。

八式動禪的重點不在動作，而是放鬆的功能。現在八式動禪的動作，很多人都在用，他們不稱八式動禪，叫作「瑜伽操」、「八段錦」。我們則是攝取各種運動之中的體態、姿勢，推出「法鼓八式動禪」，特別強調紓解身心、放鬆身心的功能。

帶了八式動禪以後，再把上午所教的走路的方法、聽的方法、看的方法再複習一次；如果時間允許，就進行「即景修觀」。

六、即景修觀

大家要知道一個原則：修行是無一樣不叫作「觀」。修行就是「觀」，禪觀也是「觀」；不管是大、小乘的修行法，不論次第禪觀或禪宗的話頭、默照，通通都是「觀」。「觀」是基礎的修行原則。

什麼時候「觀」？有的人認為打坐、盤腿，就是在觀心、觀鼻，其實修觀並不是那麼狹隘。一般的人，平時不容易打坐、沒有時間打坐，仍然可以修「觀」。過去我們知道有慈悲觀、因緣觀、五停心觀、數息觀等，現在我在山上指導禪修，不管是樹葉、草葉，或是水、風、雨、陽光和霧也可以觀，甚至是颳颱風，都可以觀！在我們山上，任何的景物與對象，都可當成「觀」的體驗主體，這就叫作「即景觀心」，也稱為「即景修觀」。

八式動禪也是「觀」，觀自己身體的動作，是不是放鬆。修觀的首要條件就是把身體放鬆，放鬆之後，無論看什麼、觀什麼，都會覺得另有意境，與平時的感受不同。如果身心不能放鬆，不論看到什麼、面對什麼，都是煩惱，都是對立。如果身心能夠放鬆，你跟環境不會對立，而是統一的，不會把環境當成對象，不易生起各種好惡喜厭等情緒，即使有這些感觸，也會漸漸清淨、減少。身心放鬆之後再來觀景，就不會和環境對立。

現在山上有許多地方都可以修觀，而且在各種天候狀況下，都有適應的修觀方法。修「觀」的原則，就是「放鬆」身心，放鬆以後，就不會和觀的對象對立，而身心和環境統一，這個時候就是進入了三昧；到了念念統一，就是入定了。很多人以為三昧不容易練成，其實三昧的境地有深有淺，只要身心跟環境統一，就是進入三昧，有的人善根深厚，一練即成。

很重要的一點，諸位導覽人員帶領的時候，一次只給一種方法。八式動禪做完以後，只教一種觀的方法，然後帶菩薩放鬆、體驗、觀；再次地放鬆、體驗、觀。一次一次反覆交錯練習。如果覺得身體有點僵硬，再做一次八式動禪。這樣半天下來，身心都會調柔。

（一）聽溪

修觀的方法，第一種是聽，用耳朵聽。山上特有的聲音是水聲，我們有「聽溪禪」。明朝憨山大師有一次坐在茅篷前一座臨溪的小橋上聽溪水，他一直聽一直聽，聽得忘掉了自己，就這樣聽溪聽了一夜。他已經忘掉時間，而入了三昧、入了定。如果你和溪水的聲音合而為一，身體的負擔就不存在，心的妄念也不存在，你和環境就不會對立，坐在那裡不會累，而能夠一直坐下去、一直坐下去。

諸位有沒有在山上享受過這種聽溪的經驗？我想大概沒有耐心。沒有耐心的原因是身心沒有放鬆，身心沒有放鬆，所以坐不了多久就覺得背痛、腰痛、腳痛，怎麼坐都不舒服，聽溪也聽不成了。聽溪的時候，不去理會身體的反應，頭痛、腳瘦、腿麻，什麼都不管，一心一意只是聽溪，這是修觀世音菩薩耳根圓通的法門，從耳根而入三昧。

聽水聲的時候，不是用耳朵刻意去聽，那樣會愈聽愈煩、愈聽愈累，甚至會耳鳴，因為聽得太過用力。聽的時候，耳根是不費力的，不是張大耳朵去聽，而是聲音自然而然進入耳朵；就好像經過一間餐館，沒有特意要去聞食物的香氣，可是食物的味道卻自然飄送我們的嗅覺之中。聽聲音也是如此。不刻意去聽，不刻意去聽聲音的旋律、聽聲音的大小、聽聲音的遠近，通通不需要。只知道有聲音，甚至開始的時候只知道是水聲，但是漸漸地，不再在意那是水聲，而是有一種聲音在耳朵裡面不斷、不斷持續下去……，這個時候，心就安定下來，心安定以後，身心才能跟水聲合而為一。

至於聽水聲的時候，什麼姿勢最好？坐著、站著，任何姿勢都可以。比較容易安定的是坐姿，不一定是盤腿打坐的姿勢，而是看哪一種姿勢坐得安穩就怎麼坐。

聽水聲的好處是水聲是連貫、不中斷的，但是連貫、不中斷，並不等於水聲的大小、水聲的頻率完全相同。水聲還是有大小、強弱之別，但是聽的人不去分析，不去研究，以平等心、平常心來聽，不以選擇心聽。諸位練習聽水聲的時候，可以十五分鐘為一單位。

（二）聽雨

如果是下雨天，無法到溪邊聽水聲，那就在室內練習聽雨。

聽雨的原則，和聽水聲是相同的。如果下大雨，大雨不停下著，很可能聽了一段時間會覺得厭煩，不妨在過程中安排經行。現在山上可利用的室內空間有祈願觀音殿和大殿的副殿，沒有活動的時候可以使用。晴天到戶外聽溪，下雨就在室內聽雨。

（三）觀水

另外一種「觀」，是用眼睛看。山上的法印溪和曹源溪沿溪有好幾處水瀑，水量雖不大，卻都很美，我們可以藉此來練習觀水；另外，祈願觀音殿後面的水幕，也可用來修觀。

觀水的時候，因為只有一幕水景，所以容易單調，因此要提醒菩薩們先把身體放鬆，放鬆以後再來觀水瀑。

觀水瀑的方法還是一樣，一心一意只觀水瀑，其他都不理會。有的人心是亂的，如果教他看、教他聽都做不來，這時候可以教他念觀世音菩薩、數呼吸。如果念觀世音菩薩也念不下去，數呼吸也數不來，那就教他數手指頭——念一句「阿彌陀佛」，數一根手指頭；念一句「阿彌陀佛」，數一根手指頭，這樣數著數著，心也會定下來。這是輔助的方法。

（四）觀風

一到風季或者颱風時節，法鼓山上的景致非常優美，風是非常具藝術性的一種律動。過去我住男寮的時候，從方丈寮的窗前，就能看到一片竹林和樹梢，颱風的時候，就看到它們像是在風中起舞，非常有致，往往我一看就是半小時甚至一小時捨不得走，就站在那邊欣賞。

風是看不到的，我看到的是竹梢和樹枝受風搖撼產生的律動，那個律動是一致的，而且每次變化的形貌都不同。就像是欣賞風的一場優美舞蹈，首先看到它優美的姿態，漸漸、漸漸看到它是整體、連貫、一片無差別的景致。看到這幕景致，我就不想離開了，就在那裡一直看著，這是非常享受的事。

植物是受風搖動，但是我看到的卻像是植物在搖風，只看到植物的搖動。因此觀風，實際上看的是植物、草木等搖動而知有風，它們是一體的；觀的人跟它們也是一體，不是對立的，那也就是進入三昧。

其實在任何地方，都可以觀風。例如在方丈寮，室內室外都擺了好幾盆蘭花，只要風輕輕吹過，蘭花的葉子，多也好、少也好，就像是在跳舞。這也可以觀風，風強則葉子的律動大一些，風弱則蘭葉的擺動小一些。就這麼一直看下去，也會入定的。

不論是外邊的大環境也好，小環境裡的小天地也好，只要有風，就可以修觀。即使是一根羽毛，只要有風，就能見到羽毛輕飄，也可以觀風。也許有人會斥為無聊，其實只要能夠幫助自己練習身心跟環境的統合，都可算是修行的方便法。

（五）觀霧

還有一種是霧中修觀。冬、春二季，法鼓山上經常起霧，大霧一來，山上的能見度驟減，蒼蒼茫茫的一片，景致很美。在霧中，看不到風吹樹搖，水聲則依然可聽。

中國古詩云：「松下問童子，言師採藥去；只在此山中，雲深不知處。」知道師者在林間採藥，可是霧太厚太濃，什麼也看不清，找老師不知從何找起。

我再舉一個例子，法鼓山三面環山，我們附近有一座山系，被我喚為「雙面觀音峰」，天晴的時候，山形清晰可見，一旦霧起，就只看到一片灰濛濛的水氣，雖然山色隱於迷霧之後，我們知道——山就在那裡。

觀霧，就是觀霧的背後，霧的背後有山，霧的另一端有太陽。就像我們的心，原來是清淨明澈的，可是煩惱生起的時候，心就變得渾沌。如果在煩惱的當下，能夠去觀想自己本來清明的心，煩惱只是一時的，而能不被煩惱攪動，就是一種修行。

因此觀霧，就是從霧中去觀想另一端的太陽，清清楚楚知道在迷霧之後，所有的景致都在，只是一時被迷霧所障看不到；雖然看不到，可是你相信風景就在那裡。這樣就能不被迷霧所擾，而你的心，就是跟霧起之前、霧散之後的景境合而為一。

觀霧並不是說，我們的心跟迷霧一樣，成了糊塗心，什麼也看不到，那很糟糕，一下子就打瞌睡了。霧只是暫時的假象，霧起的時候，背後依然有陽光；霧起的時候，背後的景致依舊，只因霧濃，所以我們一時看不到景致。觀霧要能不被霧障，這是需要有工夫的，一般人比較不容易做到。

七、只給一種方法

以上各種修觀的方法，最容易的是聽溪、聽水、觀風和觀雨，這些資源在山上都很豐富，任何時間地點都可以觀，在祈願觀音殿可以聽水，在曹源溪、法印溪的臨溪步道上可以聽溪。

我看到我們的信眾、義工們，經常一早就在臨溪步道上散步，散步的時候，究竟是「散心」或「鍊心」？散心和鍊心不大一樣，散心是鍊心的一部分，如果心不能放鬆，不能散心，也就不容易鍊心。

我希望諸位早晚在溪邊經行，經行就是在修行。我們看佛經，經常出現釋迦牟尼佛與弟子們「飯食經行」的生活記事，為什麼吃飯以後要經行一下？因為經行就是一種修行，不只是散心而已。

我再強調一次，在一天的參訪行程中，導覽人員帶領「即景觀修」時，應只給一種方法，不要因為方法多，索性全部都教，這對參訪菩薩無益，也不符合我們的本意。我們希望大家來山一趟，都能從導引中確實體驗到心靈環保的內容與它實際的好處。祝福大家，阿彌陀佛。

（二〇〇七年一月二十七日講於法鼓山園區國際會議廳，原收錄於《如何導覽法鼓山》手冊）

法鼓山全山導覽

這次課程，主題是法鼓山的全山導覽，可做為平時的導覽準則。現在法鼓山受到社會大眾高度的認同，人們嚮往到法鼓山參訪，但是他們來山一趟，究竟能帶回什麼？那個令參訪者共同的、深刻的印象是什麼？對他們有什麼用處？如果參訪者僅僅隨意走走，這和到其他道場有什麼不一樣？法鼓山世界佛教教育園區究竟有什麼特別之處？能夠貢獻給訪客的好處是什麼？這是我們上這堂課最重要的一個前提。

法鼓山的導覽，依其類別，可分作「預備導覽」、「全程導覽」和「定點導覽」。

一、預備導覽

所謂預備導覽，就是正式導覽之前的預備工作。

（一）醞釀朝聖的心情

我們到任何一個神聖、宗教氣氛濃厚的地方訪問之前，心情一定會受其影響。例如，我在一九九一年曾參訪五台山，尚未出發前，只要一想到五台山是佛教四大名山之一，是文殊菩薩的道場，就懷抱一種朝聖的心情準備著。因此，當到了五台山山下，見到路旁一塊立牌上寫著：「五公里，五台山。」這個時候，我們的心情馬上肅靜下來，開始念著「南無文殊師利菩薩」的聖號。到其他聖地也是一樣，距離目的地愈近，心情就愈神聖。

這就是讓人有心理準備。我希望所有來山參訪的民眾，都能有這種預備、期待的心理；從看到公路上的指標開始，知道法鼓山近了，心情上開始不同；當看到聯外道路口的山徽石，知道法鼓山到了，心中自然生起一股崇敬感，我希望每位來山的訪客都能抱持這種心態。如果是團體來參訪，一開始就要跟對方聯絡的窗口講清楚。

（二）建立鮮明的第一印象

過去我們常說：法鼓山是一處教育的環境，是世界佛教教育園區，但是並沒有把我們在宗教信仰上的地位建立起來。我在二〇〇六年底寫了一副對聯「來法鼓山觀音道場，參北臺灣第一聖地」，現在已設計在《法鼓》雜誌的刊頭上。起句的「來法鼓山觀音道場」，就是把法鼓山跟信仰結合在一起，凡是有人來參訪，就要告訴他們法鼓山是觀音道場，到法鼓山，就是來接觸、親近觀音道場；對應的「參北臺灣第一聖地」，則是我們的定位，在桃竹苗以北地區，應該沒有像我們這樣規模的道場，所以稱為「北臺灣第一聖地」。

這是讓人在心裡立即產生一個深刻的印象——「法鼓山是觀世音菩薩道場，是北臺灣第一聖地。」

（三）事前提供導覽手冊

如何把法鼓山的第一印象建立起來？首先就是要發給導覽手冊。凡是有團體預約參訪，就提供導覽手冊，讓訪客先閱讀。實際來訪時，看到法鼓山的山徽石、靈山勝境石，他們的心情就會非常恭敬，以敬仰的心進入法鼓山。原本我希望交通管制站設在靈山勝境石立處，讓參訪者先下車，車子再進入停車場。如此，一車一車的車長就在車上提醒即將進入靈山勝境，聖地的氣氛馬上油然生起。

至於個別來訪的人，則是另外一種作法。當小客車到了靈山勝境石，下車後，先在停車場或者其他平台之處，為他們說明導覽手冊的重點，介紹參訪路線，例如第一站到哪裡，有什麼要注意的；第二站到哪裡，要注意些什麼，一站一站說明。全程參訪大概是五、六站，這五、六站，就是一個完整參觀路線的完成。如果訪客還有時間，則可安排其他行程，或者就是一天的課程。

（四）提昇整體導覽的層次

不管到山上的任何景點，也不論參訪人數的多寡，都要保持安靜，參訪的時候不講話，導覽人員也不講話，這一點我們平時就要做到。

諸位若曾參觀過國外知名大教堂或者文化博物館都會知道，裡面是不會有聲音的。一些大型的展覽會場，現場會有導覽人員，每一個點、每一個房間、每一間展示室，都有專人在照顧著，但是那些人不會向訪客介紹說明。

原因是什麼？第一，現場有示意圖，同時備有導覽手冊，民眾在入館前已經知道展覽的大致內容，同時會場裡提供多種語文的書面導覽，有英文、法文、日文簡介，有些地方甚至也提供中文的書面資料。可惜的是，法鼓山自落成以來，始終沒有關照到這層服務，一方面固然是人員不足，一方面也是觀念和常識的缺乏，不夠積極。

我希望法鼓山能真正成為一處宗教聖地，不僅在國內具示範作用，也能與國際宗教聖地的參訪水準齊平。換句話說，我們的導覽作業，一方面要讓國人領受國際高層次文化推廣的作法，另方面也要讓國際人士來山參訪時，沒有語文的障礙。我們的目標是與歐美先進國家看齊，請不要拿參訪印度、尼泊爾等地的經驗來比較，當地什麼導覽也沒有，就是讓人參觀原始的聖蹟。法鼓山的導覽解說，目標是國際化，將一個國際性宗教聖地的軟硬體設施，完全發揮出來。

現在中國大陸有一種制式的導覽，每一間寺廟、每一個景點，都有一份簡式導覽手冊，彩色印刷，但內容不甚豐富。其實園區的導覽並不複雜，只要一份簡明導覽手冊，就可讓人一目瞭然。我的想法就是提供一條參訪路線圖，把路線、定點標示清楚，告訴大家到哪個景點有哪些內容可看？另一處景點的重點又是什麼？只列出開放參訪的區域，不標示不對外開放的空間。導覽手冊就是要給人便利，讓人一看就懂，一清二楚。

二、全程導覽

全程導覽，也就是每一個定點導覽的串聯總合。以下將介紹各定點導覽的重點，首先說明全程導覽應掌握的原則。

（一）走一段路，更多收穫

山上的全程導覽，是以訪客下車的地方為起點。目前下車的地方有兩處：一處在大停車場，一處是遊覽車平台。最初我希望來山的菩薩在大停車場下車，從這裡開始參訪；現在則方便大家在遊覽車平台下車。可惜這麼一來，前面的來迎觀音、法華鐘樓、靈山勝境石以及好幾段朝山步道，很容易就錯過了。有的人會說，等回程再看吧！這是不可能的，回程大家都累了，通常直接在遊覽車平台搭車下山。那些來時錯過的景點，很少人會在回程時特別去走一走、看一看，這是很遺憾的事。

因此，導覽人員要鼓勵大家在大停車場下車，多走幾步路，就能多一些收穫，一方面體驗山上清新的氣氛，一方面多欣賞幾個景點。

以朝聖的心情走一段路，不但健身更可修行鍊心。許多宗教聖地，都是步行才能抵達，車子是到不了的。如西藏的布達拉宮，一定是從山腳下開始步行，而且要走上一段路；浙江寧波的天童寺，同樣也要走上一公里路，巴士是進不去的，小車雖可通行，但寺方多半勸人走路。

（二）體驗觀音道場的修行

到法鼓山來，最好也能走一段路，一邊走路，一邊享受山上莊嚴的氣氛；一邊走路，一邊默念「南無觀世音菩薩」。走朝山步道的時候，請菩薩一邊走，一邊欣賞山光水色，練習聽風、聽水、聽大自然的聲音。這樣，就是在體驗觀音道場的修行，不只是散散心而已。

所謂觀音道場的修行，運用的是禪觀的方式，不論吃飯、舉手投足都專心當下；不論看什麼、聽什麼，都不去思考、不給名稱、不做比較，最後當身心與環境統一而不對立時，就進入了三昧，這也是祈願觀音殿內殿大門上所掛的「入流亡所」字匾的意思。「入流」是入空性之流，「亡所」則是主觀自我與客觀環境都沒有了。而念觀世音菩薩，持續地念觀世音菩薩，也是禪修法門。當念觀音念到一心不亂，念到身心統一，就是入了三昧。

導覽人員要鼓勵參訪者邊走邊體驗；一邊走，一邊體驗禪修的方法。但是多數的人，心是亂的，到了山上還在胡思亂想。這時教他們念「觀世音菩薩」聖號。如此，來山一小時，就是一小時的修行；來山兩小時，就有兩小時的收穫。無論如何勸導菩薩走一段路，對他們是有好處的。至於年長者走不動，或者稚齡的小孩子沒辦法走，可以提供接駁車。如果有人堅持要坐車，則應隨順他們的需求。

三、定點導覽

原則上，山上的任何一個景點，現場都應禁語，包括導覽人員和參觀的人都應安靜地參觀、禮拜。

(一)開山觀音

到開山觀音公園以前，先請參訪者看導覽手冊上的介紹；到達以後，不再講解，也不講話，這是對觀世音菩薩的一種恭敬。

到了開山觀音公園，先禮拜，然後一邊念觀世音菩薩，一邊右繞觀音一匝或三匝。這個時候，參訪民眾自然會感受到觀世音菩薩的慈悲和神聖。如果上到開山觀音公園，導覽人員還口沫橫飛地講，兩隊、三隊的導覽人員此起彼落地講，互相干擾，氣氛就是散亂、不恭敬的。

這尊開山觀音特別神聖、特別靈驗，對法鼓山信眾也是特別重要。這一點一定要提醒，如此一來，參訪的民眾就會起恭敬心、敬仰心，願意跟著大眾一起拜觀音、念觀音、繞觀音了。

（二）來迎觀音

「來迎觀音」的意思，是觀世音菩薩來到人間，主動迎接眾生，同時，所有的人都能接觸到、感受到觀世音菩薩的神聖和感應。來迎觀音的形象是我在幾次禪定之中所見，也是我命名的。

我在禪定之中，看到觀世音菩薩凌空而來，衣帶輕飄，翩然降臨人間。觀音的慈藹，就像是一位慈母，許久不見孩子，再見到孩子的時候，以無比的慈悲、親切和溫柔，接迎孩子歸來。或者是孩子離家，忘了回家的路，觀音如母念子，天涯海角都要把孩子尋找到，所以稱為「來迎觀音」。而這尊觀世音菩薩的造形是經我口述，由果梵法師繪作，歷十數次修改，並且在多位法師、居士和藝術家的協助下，終於呈現出我定中所見的慈藹觀音。觀音是尋聲救苦的大悲心菩薩，觀音如慈母，聞子哀泣，尋聲來找孩子。因此來山的參訪者，不論是第一次來或者經常來訪，觀世音菩薩都在這裡迎接著你。每一個人都是觀世音菩薩要照顧的對象，我們心中有什麼困難、有什麼痛苦、有什麼煩惱，或者有任何的心願，都可以向觀世音菩薩傾訴，就像是對慈母述表衷懷。

山上的來迎觀音，便有這樣的神聖意義，絕非一般銅鑄的藝術造像而已；雖深具有藝術價值，卻又更加超越，成為宗教信仰的對象。

(三) 祈願觀音

祈願觀音殿的觀世音菩薩，許多人看了很感動。這尊觀音是海島觀音，他的背景是瀑布，前景是水池，寓意著普陀洛伽山的南海觀音；觀音住於南海的邊上，前面是大海，而這片海，就藉著殿前的水池來表現，象徵從此岸到彼岸。

這個水池是我堅持的設計，但是在過程中，一次一次被建築師修改，一次一次被顧問否決。他們說水池蓋在建築物頂層，首先是工程的難度，況且一旦漏水，底下的樓層全都遭殃。而我堅持把水池留下來，我說觀世音菩薩所在之處沒有水，那很遺憾，尤其這是一尊海島觀音，怎麼能夠沒有水的意象？

祈願觀音的形象，也是我在定中所見，在幾次的定境中都見過這樣的觀音形象。後來我到中國大陸的雲岡、敦煌石窟參訪，便想以隋唐至宋代的風格為主，從坐姿、面容到整體都是，然後再依我在定中所見的觀音為藍圖，而這個想法也得到隨行藝術家的同意。最後再經過一次次的模擬呈現，終至完成，就是現在大家所看到的祈願觀音。

有的人見了這尊祈願觀音，認為是宋朝的觀音造像，也有人說是唐朝的風格，其實都不是，而是我定中所見的觀音聖像。這尊觀世音菩薩，大家看了都很喜歡，也很恭敬，深深感受到菩薩的慈愛、悲憫。

至於為什麼稱「祈願觀音」？因為願是有次第的，有「祈願」、「許願」和「還願」這三種次第。

第一是祈願，就是求願，設定一個自己希望達成的心願；其次，把這個心願帶至觀世音菩薩面前鄭重許諾，盼請菩薩成全、照護，就是許願，也是發願；而當心願成滿之後，為回報所做的奉獻、迴向，就稱為還願。祈願有這三種次第，我曾寫了一首詞〈大悲心起——祈願、許願、還願〉，諸位可以參考。[1]

祈願觀音殿內備有祈願籤條，每張籤條上，都寫著我的法語。我不是觀世音菩薩，但是很多人拿到法語覺得很靈驗、很震撼，因為自己在觀世音菩薩前求的法語，竟和內心所想的精準相應。其實這個靈驗不在我，而是觀世音菩薩的靈驗。這個時候，就要勸導參訪者進一步做功德、種福田。山上有很多項目可以種福田，請「把平安、祈願帶回家，把布施、功德留在山上」。諸位導覽人員勸人發心布施，也是一種大功德。

（四）法華鐘與靈山勝境

法華鐘與靈山勝境，兩者互為關聯，都與《法華經》有關。釋迦牟尼佛當時宣說《法華經》之地，就是在靈鷲山；而宣說《法華經》的眾會，就叫作靈山勝會。

《法華經》殊勝之處，在於它是漢傳佛教、大乘佛法最重要的一部經典，稱為「經中之王」，經文的涵蓋面非常廣。《法華經》講廣度一切眾生，所有一切眾生，未來都將成佛——這是獨《法華經》才有。

另外，法鼓山是一處觀世音菩薩道場，而中國的觀音信仰主要以〈普門品〉為主。〈普門品〉即《法華經》的第二十五品，內容是在讚頌觀世音菩薩所具足的功德、悲心與救濟眾生的廣大願力。它不但是觀世音菩薩最重要的文獻，也是觀世音菩薩重要的宣示，而且是釋迦牟尼佛親口所說出的。

我們鑄造的這座法華鐘，不只臺灣僅有，也是當前世界上唯一的一座。據說北京有一口永樂大鐘，但其鐘體上同時刻有《法華經》和《華嚴經》，並非單一的法華鐘；此外，耳聞此鐘的人雖不少，但親見者並不多。我曾請教中國大陸的法師，他們說現在能看到法華鐘的地方，只有臺灣的法鼓山。由此可見法華鐘的殊勝，既是佛教的珍貴文物，也是重要的信仰中心。

《法華經》說，凡是宣講法華之地，就有多寶如來和十方三世一切諸佛賢聖菩薩雲集護持。現在我們聽到法華鐘聲，就等於聽到一整部《法華經》，即是參與了釋迦牟尼佛宣說的法華勝會。而諸位導覽人員帶領參訪者繞法華鐘，一邊繞，一邊念「南無法華會上佛菩薩、南無妙法蓮華經」，同樣具有無量的功德，也等於參與了靈山勝會。

我在法華鐘樓題了一副對聯「靈山勝會今猶未散，法華鐘鳴眾聖涌現」，諸位到法華鐘樓，一定要觀想：現在我們正參與世尊說法的法華勝會，而有八萬聖眾，就是已經得解脫的大菩薩，同我們一起聽聞佛法；此刻我們在這裡，就等於會晤了靈山上的八萬聖眾，更有無量無數十方諸天護法神共此一會，聽聞法華。法華鐘有此等殊勝、神聖之意義！如果參訪民眾到了這裡，不能生起這樣的恭敬歡喜心，那就很可惜了。

有一點必須注意，法華鐘不可觸摸，因為手汗會導致鑄字光澤消褪，刻字也會因侵蝕顯得凹凸不平。

（五）大殿三寶佛

山上的大殿，只能見到三尊佛像，在有形的、具相上的確是如此，而無形的、看不見的宏偉蘊涵，就必須透過導覽人員的介紹，傳達給每位來山的訪客。這是來到法鼓山參學的重要體驗之一。

首先，在三尊佛像的佛身裡，裝有七十幾卷的手鈔經典，這使得「佛寶」的意涵更加一層。其次，三尊佛像的造形，都是以山東濟南神通寺四門塔的阿閦佛為藍圖。阿閦佛與法鼓山信眾相當有緣。一九九七年，山東四門塔阿閦佛的佛首被人盜取，輾轉賣於海外，後由法鼓山的信眾購得請回，贈予法鼓山。二〇〇二年，我們組成一支護送的隊伍，把阿閦佛首護送回山東四門塔，還復千年的佛身。由於這個因緣，法鼓山大殿的三尊佛像，就根據阿閦佛的造形而做，從面容到佛身、衣褶都引為參考，造像非常莊嚴，是我們山上的特色之一。佛像下方的方形須彌座，四周是銅鑄的浮雕畫，呈現出臺灣特有的保育類動植物，共有十二幅，代表了臺灣豐富的生態文化。

此外，大殿下方埋了一座地宮，這座地宮的收藏相當豐富，使大殿成為名副其實的「大雄寶殿」，是真正的佛寶、法寶和僧寶三寶具足。所謂有僧寶，是指地宮收入了《大藏經》和臺灣近代高僧名冊、著作等，所以稱法寶、僧寶。這樣一來，任何人到了大殿，就是真正進入了「寶山」，真正接觸到三寶的信仰：三寶的文物、三寶的信心和三寶的感應，全都在這個大殿上。

大殿是法鼓山全球信眾的信仰中心，我們每天早晚在這裡做課誦，所有的大典也都在這裡舉行，雖然大家看到的大殿是空的，但它不折不扣是全山的精神中心。諸位參觀歐美的大教堂，看到教堂是空的，但是任何人一走進去，都會油然生起一種宗教的神聖感，山上的大殿也要呈現這種氛圍來。導覽人員帶領參訪的時候，不論是解說或者瀏覽導覽手冊，都在大殿外，進了大殿就不講話。雖然我們的內殿不開放，但就是在外面的迴廊站一站，也能體驗到神聖、莊嚴、寧靜的氣氛，感受自己跟三寶是在一起的。

（六）藥師古佛

山上還有一尊模仿北魏風格的清代石雕佛——藥師古佛，像高三公尺，重十噸。此像是二〇〇〇年前後一位信眾送給我們的，今安座於接待大廳對面的右側山坡上。搬運到該處的工程並不容易，有人以為這座石雕巨像原本就在那裡，其實在法鼓山建設之前，並無此文化文物。[2]

（七）禪堂釋迦牟尼佛

原則上，禪堂平時並不對外開放，只有在春節或特定節日適度開放。春節期間，禪堂會布置成平時禪修的環境，但不會有人在裡面打坐，而是把一種寧靜、攝受的氛圍呈現出來，讓大家感受一下。參訪的民眾，可從外圍的經行步道往內探看，禪堂中心是不開放的。

供奉於禪堂中心的緬甸白玉釋迦牟尼佛像，稱為「玉佛」，是臺灣一代石雕藝術大師林聰惠的遺作。此像高三公尺，基座有七十二點五公分，總重量含佛像、背光與須彌座共有六噸。[3]

（二〇〇七年二月三日講於法鼓山園區階梯教室，原收錄於《如何導覽法鼓山》手冊）

……………

1 〈大悲心起——祈願、許願、還願〉：「平安順利的我，祈願增福增慧，世界和平人安樂。挫折困苦的我，祈願消災除障，人人免難有幸福。祈願求福的我，許願廣結善緣，自利利他出苦海。祈願求福的我，許願學佛護法，少煩少惱滿人間。祈願許願的我，大悲心起來還願，救苦救難學觀音。祈願許願的我，大悲心起來還願，平等普施學觀音。」

2 這段文字，資料出自《法鼓山故事》，頁一〇七。

3 這段文字，資料出自《法鼓山故事》，頁九十一。

什麼是法鼓山的景觀？

這十幾年來，為了建設道場，我非常重視景觀，讀了不少景觀的書籍和理論，看了各種各樣的景觀建築，讓我有一點心得。因此，法鼓山的景觀，可說是結合眾人的智慧，以及當代景觀建築的趨勢和特色，尤其是容納、吸收與法鼓山理念相應、相契者，共一爐而冶之，才有現在大家所看到的法鼓山景觀。

一、道場景觀的功能

景觀有什麼用處？景觀，實際上就是人文的展現。譬如法鼓山這塊地，原來只是一片荒山，樹木少而荒草多，這從當時的照片就可以看到，不但沒有構成林相，而且多是雜木。我們來了以後，才把這裡的樹木花草全都整理過，成為道場景觀的一部分，讓每個人一進到法鼓山就感到很放鬆。如果我們把道場的景觀，布置得像新疆、西藏一樣幢旛飄揚，那麼外面的人到山上來，會覺得這地方很荒涼、雜亂，像是人煙稀有之境。可是在新疆和西藏，是因為當地的環境就是那樣蕭瑟，就連荒草也不易生長，更別說是樹木林相的成立。因此，他們才用幢旛來表現景觀，嚴飾道場。

莊嚴，即是道場景觀的重要功能之一。道場裡的任何景觀，即使一草一木，都是幫助我們修行的工具，助成修行的場域。

其次，道場景觀是要使人置身其中，感受舒適宜人、清心悅目。如果一個道場的環境，讓你覺得煩躁、枯燥，甚至不舒服，那就是失敗的景觀，或者根本沒有景觀可言。

二、法鼓山的景觀類型

法鼓山的景觀，依性質之屬，可分成以下六大類：室內景觀、庭院景觀、道路景觀、園林景觀、寺院景觀和季節性景觀。

（一）室內景觀

室內景觀，就是建築物內的景觀，如大殿、祈願觀音殿、國際會議廳、禪堂、齋堂、教室、會議室、會客室等室內場所。法鼓山的室內景觀，是以凸顯功能為主。以國際會議廳為例，這裡面的設施就非常具有功能性，而功能本身就是一種景觀：裝置是景觀，舞台是景觀，座椅是景觀，設備也是景觀，然而整體看起來單純不複雜，次序井然。

因為單純，所以一目瞭然，使用上方便，也容易整理；整體空間井然有序，則不會模糊焦點，辦活動的時候，一下子就能凸顯焦點。

如果一個室內的空間，擺了很多很雜的物品，讓人看了眼花撩亂，焦點就不易集中，這樣的陳設比較近似陳列室，原有的功能反而無法彰顯。譬如會客室就是會客的地方，大殿是拜佛的殿堂，國際會議廳是開會的場合，如果說擺設很雜，牆上也掛得美不勝收，不但會讓人分心，也會讓初來乍到的人很徬徨，不知道要做些什麼。因此，室內陳設一定要把功能凸顯出來。

像有些在家人的客廳，因主人平時蒐集許多古董、字畫，喜歡把收藏品一件件地放在客廳展示，結果客人一進門，就將焦點放在各式各樣的物品上，而忘了自己是來拜訪主人的了。像這種布置法是不當的，如果家中有珍藏希望與人分享，可以另闢一間收藏室，當朋友來訪，就帶到收藏室去欣賞，而不是把客廳當成陳列室，讓主客話也談不成，心神老是被那些琳瑯滿目的物品給吸引了。

因此在室內，特別是道場的室內景觀，絕對要單純。至於可不可以插花？我不贊成插太多，大殿上可以有一、二盆。中國人習慣講對稱，認為供花至少要一對，這倒不一定。在日本或西方國家，聖殿上通常只供一盆花，就是蠟燭也只點一支。講對稱是中國人特有的文化，覺得供一盆很寒酸，至少要成雙才好看，其實不需要。有大節慶的時候，大殿上供一盆花就足夠。

會客室裡要不要呢？可以放一、二朵花在主客之間的桌面上，小小點綴就可以了。如果會客室裡的花布置得太複雜，不僅不宜，還會讓人眼花撩亂，擾人心神。

齋堂則不一定要有花。我們現在在齋堂牆上掛上「五觀堂」三個大字，清清爽爽的，就很好。吃飯就是吃飯，不是來欣賞藝術品的。到大殿、禪堂也一樣，不是來欣賞藝術品，而是來修行的。還有教室，譬如電腦教室的功能，主要是電腦使用和教學，就不需要其他字畫與花藝的點綴。

山上有些場所，有的人喜歡擺佛像、掛佛畫，以為是文化的表徵，其實要看適合不適合。

道場的室內景觀要清淨、簡單，放幾盆花可以，但不要掛很多的字畫，供很多的像，這在寺院都是不宜。但是有的人說，梵蒂岡處處是畫，為什麼法鼓山不學學？我說：「阿彌陀佛！那是天主教，天主教就是用這些畫來呈現《聖經》故事，梵蒂岡有那些藝術品很好，佛教則不適合。」也有的人說，佛教也有敦煌藝術啊，也有精彩的壁畫，如山西好幾個佛寺，大殿上四壁是畫。我說這是特例，佛教寺院並不常見。禪宗道場是沒有這些裝飾的，而是力求單純、簡單、不複雜。什麼是美？簡單、實用、一致性，就是美。

（二）庭院景觀

山上的庭院景觀，有男寮庭院、女寮庭院、大殿的前後庭院、祈願觀音殿庭院，以及教職員宿舍的前後庭院等。

祈願觀音殿的庭院，我花了比較多的時間、心力。一開始，我們只確定那是接待大廳的主體建築，我說要有一個水景，訪客一進接待大廳就映入眼簾，心立刻能安定下來。這個想法，得到第一任建築師陳柏森的贊同，但是後來的建築師建議，把水池改成一個戶外的活動空間，豈不更實用？因為水景工程成本高，加上蓋在建築物的三層樓上，一旦漏水，會波及底下兩層。我說工程應該不是問題，美國、日本許多大廈的樓頂都建了游泳池。

其實我這個構想就是從這裡來的，現場看的時候，不覺得自己置身高樓，只看見一片水池。我想山上應該是滿適合的，因為山坡地有地形的落差，如果順著山勢在建築物的某一樓層蓋水池，從外觀看來，就像是平地的水池。

結果這成為法鼓山的一大特色，因為在臺灣，像這樣把大水池蓋在建築物頂樓的，相當少見。

另外，在水的意象表現上，我希望能做出層次的深淺。第一個層次，是當參訪民眾一進入祈願觀音殿，首先映入眼簾的是門前的一片水，心自然靜定下來。然後，沿著水池繞一圈，準備進入祈願觀音殿內，這個時候，心又漸漸平定一些。

第二個層次，進入殿內之後，可以見到觀世音菩薩後面的一片水幕，菩薩安然坐於水上，在菩薩與水幕之間，有一道玻璃牆隔著。最初我只想到觀世音菩薩是一尊海島觀音，即南海觀音。既然是南海觀音，觀世音菩薩的所在不能沒有水，因此我想到觀世音菩薩安座於水上，而觀世音菩薩背後的水幕，在我的想像之中，則是南海普陀山的一片海。這個水幕的構想非常好，我很感謝設計師的巧思，而觀世音菩薩座位下方的水池，則是我要求的。

觀世音菩薩怡然坐於水中，座下是水，外牆也是水，漫成一片海洋，就這樣把南海觀音的意象襯托出來，這是我們山上非常具特色的一個景觀。

第三個層次，從祈願觀音殿的室內往外看，眼前的這一片水，象徵從此岸到彼岸——由觀世音菩薩的此岸，俯視凡夫眾生祈禱的彼岸；或者由凡夫眾生的彼岸，顧盼觀世音菩薩救濟的此岸。

有很多人常常從殿外的迴廊，就在「大悲心起」匾額的下方拍照，捕捉觀世音菩薩和菩薩的水中倒影，拍得很美。像這樣的呈現，往裡看是水，向外看也是水，裡裡外外的水景相呼應，襯托出印度南海普陀觀音的特色。為了這個景觀，我用了很多的心，而且一再堅持。如果我不堅持，可能就變成一個普通的天井，毫無特色可言。

但是有人認為，這是花冤枉錢，根本不實用。景觀是不是實用的？我的看法是，只要能發揮它的功能，而且大家看了都喜歡，那就是有價值。有價值就是實用的。如果大家覺得多餘，那才是不實用、沒有價值。祈願觀音殿是非常有價值的，而且是法鼓山上的特色之一。

還有，法華鐘是實用的嗎？從信仰的角度來看，法華鐘是我們的鎮山之寶，這個價值就是實用。大家不要以為只有蓋房子才實用，其餘都不實用。否則我為什麼那麼重視景觀，而且重視的程度不下於對建築物的用心。如果不用心，山上是沒有景觀可言的。通常來講，建築物建好以後，緊接著就要思考景觀的呈現，有的時候是一邊興建房子，一邊設想景觀。譬如說，一棟房子跟一棟房子之間要有空隙，才能呼吸，如果密密麻麻連在一起，住在裡面的人一定會覺得透不了氣，左看右看都碰到牆，不舒服。

就是因為建築物與景觀如此緊密連結，因此才有人說：「優秀的建築師必須也是藝術家。」像我知道的姚仁喜建築師，他懂得景觀，懂得美；葉榮嘉也是建築師，現在已轉行當藝術鑑賞家，還有許多建築師對美都非常講究。而二十世紀聞名的大藝術家畢卡索（Pablo Picasso），雖然不是建築師，但是他要求建築師必須是藝術家，因為如果建築師不是藝術家，建出來的房子肯定是不好住的。

（三）道路景觀

山上的道路有很多，從聯外的雙面觀音路一直進入園區，沿線的幹道和支線都是道路。除了道路之外，道路兩旁的設施也是景觀。

通常一提到道路景觀，都是指公共道路的景觀。公共道路景觀的設計很單純，就是在道路兩旁植栽、綠化，種一些灌木、喬木、花樹等。

山上的道路景觀，以淡金公路入口處的山徽石為起點。最初我們只知道把路築起來，同時在兩旁種樹美化，與一般市區道路景觀的作法相近。市區的道路景觀，就是以綠樹做為景觀主體，再配襯少許的開花植物，選擇的樹種，最好是能防蟲蠹，容易照顧，生命力旺盛的林木。

在金山北海岸一帶，許多的路樹是外來品種，加上冬日強勁的東北季風夾帶海水吹襲，這裡的樹普遍長得不夠好，很容易就夭折。法鼓山園區種的是肉桂樹，肉桂樹的優點是防蟲，可惜怕旱，旱季容易枯槁。如果避開乾旱，也不常颳風，而雨水豐沛，肉桂樹就能長得很好。

山上的肉桂樹，前後共種了兩批，第一批是從鎮天宮往裡種，一直到大停車場，這一段的肉桂樹長得很好；另外一批是從鎮天宮向外種，但是這批樹就長得不理想。原因究竟是樹種本身的問題，還是外面這一段路因海風吹襲，把樹葉吹枯焦了，導致樹看來病懨懨的，原因到現在仍不清楚。

除了路樹之外，一區一區的植栽，也屬於園區的道路景觀。植栽是有功能的，第一個就是引導的作用，提供一種視覺上相續引導，讓人知道沿著這條路，就可以深入法鼓山的殿堂，因為沿途的植栽一致，這就是植栽的功能。如果說我們種的樹、栽的花，一區一區大異其趣，訪客就不知道該怎麼走。臺灣大學有一條「椰林大道」，一看到椰林大道，就曉得是在臺大校園裡了；現在我們山上有一條「肉桂樹大道」，一看到兩排延伸的肉桂樹，就知道法鼓山到了。原則上，山上的樹種不再改換，我希望能繼續維持下去。

第二個功能是視覺上的享受，讓大家在車上或者漫步途中不覺枯燥，一邊前行，一邊欣賞植栽景觀，而有一種進入聖地的感受。我們栽種這些植栽，就等於是在歡迎菩薩們的到來，希望大家把塵世的煩亂都拋開，用心感受靈山勝境的氛圍。

道路兩旁設的欄杆，也是景觀。西方極樂世界有七重欄楯、七重羅網、七寶行樹，四寶周匝圍繞，我們要在人間就讓人體會到這些景觀。因此法鼓山的這些欄柱，目的不是圍柵欄，也不是牛欄、跨欄，就是一種景觀；有的人走路走得累了，可倚欄休息、看看風景也很好。

人行步道也是景觀。現在我們人行道鋪的是一種植草磚，讓人一邊走路，能一邊欣賞青草柔和的綠意，不至於枯燥。曾經有人建議，人行道只要鋪上水泥，把路鋪平整就好，但我認為車道可以如此做，人行道則不行，人行道必須考慮行路人的感受。法鼓山上的人行道，是由一塊一塊花崗岩鋪成，中間有空隙可以長草，視覺上不單調，看起來也柔和，朝山的人還可以聞到青草香。

另外，道路景觀也有分段、分區的功能性考量。譬如在車道的兩旁，種的是高大的喬木；在人行道和朝山步道的沿途，則需要有遮蔭的林木。譬如從三門至藥王園及法華公園，或另接至環保生命園區的朝山步道，沿路都有樹，這些樹的功能就是遮蔭。如果在烈日下朝山或步行，卻沒有林木遮蔭，那會很辛苦。理想的朝山步道，應該是一路上林木成蔭，不管是朝山信眾或走路上山民眾，都感到清涼，這樣的步道才是成功的。山上的朝山步道，仍需要繼續美化、綠化。

另外，我們的道路是跟水結合在一起的。從聯外道路進入園區，就是一條路配著一條溪，路是「雙面觀音路」，溪是「雙面觀音溪」。像這樣的道路最有價值，也最能讓人欣賞。如果只有道路沒有水，不免單調，而我們的道路沿著溪走，真是無價的寶藏。

雙面觀音溪在過了大停車場以後繼續往上，直到三門的匯流處，這段溪身，九曲三彎就像一條龍似的，因此稱為「龍溪」。然後，從三門分流向上，一條是「曹源溪」，另一條是「法印溪」，均是山上豐富的資源。這些景觀，有的是自然即有，有的是經整治而成；這兩條溪，我們已經整治十幾年，目前還在整治當中。

目前山上的道路景觀，大致已經完成。我要特別強調，有水有路的景觀，才是最珍貴的無價寶。而景觀一定要賦予人文的概念才能成形。在我們上山以前，這裡只有小野溪、輕便路，經過十多年的整治，才看見一點一滴的景觀雛形。在過程之中，都是我告訴工程人員該怎麼做、要做些什麼。我希望法鼓山上，處處是景觀，沒有一寸地是浪費的，沒有一塊地是無用之地。每一塊地都要納入景觀的思考，小面積有小景觀的作法，大面積有大景觀的思維。此時，「人間淨土」一方面落實在我們心底，一方面也在我們的環境裡實現了。

很可惜的是，許多人到法鼓山來，覺得山上空氣好、環境好，一切都好，就是沒能深入各處、體會我們的用心。為什麼？因為趕行程，沒時間。特別是春節期間，常常看到有一些人手上拿著旗子，後面跟著一群人，就像趕羊一樣，把一群人趕、趕、趕，趕著走、趕著看、趕著用齋，最後趕著下山。各地的菩薩大老遠上法鼓山一趟，結果轉了一圈、吃一餐飯就下山了。問他們對法鼓山有什麼印象，除了空氣好、風光好，其他的沒有印象，因為他們在山上就是不斷「趕場」，到了開山紀念館轉一轉，到了祈願觀音殿看一看，每個地方只待幾分鐘就走，走馬看花，只看到景觀，其他就印象模糊。

但這也呈現了一個明顯的對比，景觀的呈現，可以讓人看了留下印象，可是舉辦法會或者興辦教育的內容，就需要留待時間的累積，才能漸漸有所認知。因此景觀的呈現，務必要把握簡明的原則，愈簡單，愈容易讓人有印象。像是二〇〇七年春節期間，我的書法展一共展出一百多幅，很多人看過之後，印象就是聖嚴法師寫了好多字，至於內容寫些什麼就記不得了。景觀則不一樣，這一條路走過去，隱隱約約就有印象；看到道路兩邊的溪水，既輕暢又清澈，就想多看幾眼。

現在大家都很喜歡我們的溪，也很喜歡我們的路，因此，我經常跟工程人員提起要多規畫一些親水區，讓訪客能接近溪邊去，但是要注意安全的問題。而親水區最好是可以帶領禪修的地方，那就需要比較大的平台，至少可容納幾十人；此外它也有引導的功能，能將參訪者從道路引進溪邊，再從溪邊接到對岸。這樣一來，山上的吸引力就會更增加一些。

早期的學生都喜歡在過去男寮和國際會議廳下邊的水池兜圈子、散步，或小坐一下。其實女寮周邊也可以思考一下，看看是否能做親水區。現在禪堂已經有了一個止觀平台，禪眾就在那裡打坐、修止觀。其實我們溪裡的平台也不少，民眾來山一小時、兩小時，導覽人員可以引導訪客在溪裡的平台上禪修，帶領修行的方法。

（四）園林景觀

園林景觀，主要是指山上的公園景觀，包括男寮公園、女寮公園、祈願觀音公園、開山觀音公園、法華公園、藥師古佛公園、環保生命公園、華八仙公園、禪堂公園，以及教職員宿舍公園等十餘處。

此外，圖資館前的「七如來」和大停車場的「四大天王」，也屬於山上園林的一部分。四大天王現在位於一處隆起的平台上，當初並沒有這樣突出的高度，只是一塊平地，經整地以後，漸漸形成一個平台。四大天王這四棵大榕樹長得非常茂盛，氣勢也很雄偉，也許是土壤肥沃，所以樹長得高大又飽滿，而且有板根。這些板根看起來很舒服，樹下也放了幾顆石頭，可以在那裡休憩、打坐。

山上的十幾處公園，有些是對外開放的，有的則不對外開放。開放的有來迎觀音公園、祈願觀音公園、開山觀音公園、法華公園、藥師古佛公園、環保生命園區、華八仙公園；不開放的則有男寮公園、女寮公園、禪堂公園和教職員宿舍公園。

但是現在我們規畫的參訪路線，很容易讓人忽略來迎觀音公園，主要是因為動線不順。一般人從大停車場下車以後，就急急忙忙往裡面走，很少人會走進來迎觀音公園，因為需要過一條橋，並不順路。我原來的想法是要求把大停車場的管制站設在靈山勝境石的入口處，人在那裡下車，然後過便民橋接到對面的便道，進入朝山步道。不論是走路也好、朝山禮拜也好，這樣就能一路來到來迎觀音公園，而這條步道就稱為「來迎觀音步道」。

到了來迎觀音公園以後，可上接兩條步道，一條抵達華八仙公園，一條通往土地公廟，然後進入三門，過了三門以後，再接其他的步道。

從動線來講，我們希望法華公園是最後一站，不是一到法鼓山，馬上就到法華公園。法華公園排在最後一站，整體的動線才順暢。就是從大殿下來，過一條橋到法華公園；離開法華公園時，走另一條橋，直接出三門，這樣才不會撞線。

（五）寺院景觀

建設一個道場的景觀並不容易，如果是小道場，那麼寺院的景觀不是問題，只要把庭院、大殿照顧好，可能就差不多了。但是法鼓山是教育園區，也是佛教聖地，寺院景觀就相當重要。

現在國際間比較受人矚目的庭院，就屬法國庭院和日本庭院。日本庭院主要模仿中國的庭院，再加以改善，中國庭院則比較單純，具代表性的有大陸蘇州的留園及《紅樓夢》的大觀園；尤其後者，作者對大觀園景物的描寫，非常細膩講究，但實景在哪裡不知道。不過留園和大觀園，終究是屬於常人的豪宅庭園，與宗教性場所的景觀相當不同。

至於宗教性景觀，我也曾訪問過不少歐洲修道院，以及中國大陸正在恢復中的寺院。以中國的寺院景觀來講，並沒有一個定則，但是仍有一個基礎，像是在西藏，因當地的自然景觀很蕭條，而且嚴峻，因此寺院就布置得花花綠綠，以多彩的幢旛來代替景觀。可是在中原地區的漢傳佛教，由於自然景觀豐富，所以與西北的風格完全不同，十分講求單純。尤其是禪宗道場，不但色彩簡單，植栽、室內的擺飾也很簡潔，全都是單純的。

我們在臺灣，一方面要保持禪宗道場「本來面目」的單純，一方面也不能無視於臺灣本土生長豐富的植物生態，因此掌握的原則就是：簡單、莊嚴、樸實，和容易照顧。

在構思法鼓山景觀的過程中，曾經有景觀設計師建議，日本的枯山水意境頗佳，法鼓山不妨也做枯山水，特別是祈願觀音殿前的水池，如果用枯山水來表達，效果應當不錯。我認為枯山水確實不錯，但那樣的表現法僅適用於日本。臺灣因為環境不同、氣候不一樣，枯山水很不容易呈現，維護更是一大問題，所以法鼓山不用枯山水。我注重的原則，就是簡單、莊嚴、樸實以及容易照顧。

現在山上有許多地方的植栽都需要照顧，這些都是委由義工菩薩照顧，包括環境的清潔、整理、拔草，有些室內空間也是由義工菩薩整理。原則上，屬於僧眾的空間最好是僧眾自行整理。像女眾寮、男眾寮、佛堂，凡是僧眾起居之處，最好是出家眾自己維持，僧伽大學也是一樣。至於公共的設施，僧眾人力不足，可請義工協助。

我們必須要召募新義工、接引新人加入義工行列，不是從既有的勸募系統找人。像現在山上的大寮義工，多半不是勸募系統的信眾，而是金山當地菩薩主動發心承擔。我們每一個單位、每一處道場，都必須往這個方向思考，如果完全依賴勸募系統來支援，他們會很辛苦。

（六）季節性景觀

季節性景觀，是指一年四季，每季各有不同的植栽景觀。但並不是說，一季一季有不同的栽種法，春天到了就栽種春天的花朵，秋天到了就更替秋天的花卉；而是同時規畫四季的植栽，到了不同季節，就有不同的景致，這樣才是務實的作法。

譬如每年三月，就可見到滿山遍野的杜鵑盛開，四月是百合的花季，盛夏則輪到野薑花輕輕點點綻放，每個季節都能有不同的植栽特色。如果是像一般市區景觀，每幾個月就更換新植栽，不僅不經濟，也不好照顧。

除了季節性景觀，也要考量區塊性的特色，凸顯不同區塊的植栽特色，但是不能雜亂無章。景觀務求單純，一雜就會破壞景致。

在樹種方面，我希望山上多種幾棵柚子樹，因為柚子樹不惹蟲，開的小白花又很清香，不會讓人看得眼花撩亂，也不會讓人看了想摘回家。

最後，祝福大家。

（二〇〇七年三月一日講於法鼓山園區國際會議廳，原收錄於《如何導覽法鼓山》手冊）

導覽人員的責任

一、四大任務

我要勉勵諸位，法鼓山的導覽人員，具有四大任務：第一，帶人修行；第二，介紹景觀；第三，勸人發心請購；第四，鼓勵布施種福田。諸位的導覽工作如果只做一項，也有貢獻，但是不夠好，最好是能達成四種任務，共同協助法鼓山維持成長。

大陸所有的名山都說：「靠山吃山，靠水吃水。」而法鼓山如何維持呢？我們這個團體主要是推廣佛法修行和推動「心靈環保」的理念，這些工作，如果僅只有我們自己投入和奉獻是不夠的，一定要有社會大眾的護持才能共同成就；換句話說，如果我們只做佛法推廣，卻沒有收入，只有喝西北風了。

山上的建築、設備才剛完成，就要開始維修，大寮的典座師跟我講，廚房有許多機器老朽要維修、要更換。其實山上各種各樣的器械都要維護，吃飯是花不了多少錢，但是各種設施的維持費卻相當可觀。水、電、汽油，要花錢；道路、房子、任何一樣設施剛做好，就要花錢保養。不保養，壽命就減短。我常常看到大殿上有工人在磨石、打蠟，一問之下才知道，石頭也要保養，如果不保養，很快就會老舊。所幸我們山上的出家菩薩、在家菩薩，多數不支薪，如果義工菩薩也領薪水，我們的成本就難以估計了。

導覽人員要知道這些訊息，勸人布施也要特別說明。否則會讓人誤解法鼓山很愛錢，到哪裡都要錢。諸位要讓人知道，不是法鼓山要錢，而是請大家來做功德；如果覺得這地方還不錯，就請大家共同來護持，這是一大功德。

正因為山上的營運成本高，我們必須思考開源之道。如何開源？就是關懷照顧訪客，讓他們歡喜布施，覺得布施得很值得。

因此，導覽人員的角色非常重要，導覽菩薩是山上的寶，是山上對外服務的品質。我們的法師對外接觸機會不多，除了弘化院、百丈院的法師較常與外界接觸，多數法師與大眾接觸的機會並不多。真正代表法鼓山對外接觸和服務品質的是義工菩薩。法師的職責是服務我們的義工菩薩，義工菩薩的責任則是照顧來山的訪客，就是這樣一層一層接續地關懷。

所以，今天在這裡上課的導覽菩薩，都是我們的寶，是法鼓山接引和服務大眾的窗口，如果你們的形象能讓人感動，就能幫助山上的收入成長。

二、勸人留下功德，帶回平安

我再重複強調：不論在任何時間、任何地點，諸位都要把導覽工作，帶入一種修行的環境、修行的氛圍、神聖的場域；我們希望讓民眾來山一趟，就能體驗到在聖地生活的環境、聖地的氣氛，讓所有有緣、有心之士，不虛此行。

也不要忘了勸請每一位菩薩，把功德留在山上，把平安帶回家。新春期間民眾上山一趟，有吃有拿，好看也好玩，請他們要布施做功德，也鼓勵他們到行願館請購師父的書，這樣才真正是「入寶山，不空手而回」！

我們非常歡迎大家在山上用個齋。新年的年菜，要讓人吃得飽、吃得好。要捨得讓人吃，假如不捨得讓人吃，給大家吃冷的、沒營養的舊菜，吃了會抱怨，到處說法鼓山好寒酸啊，不如某某地方吃得豐盛！所謂「食輪不動，法輪不轉」，法鼓山要捨得給人吃，不是要多豐盛，新鮮、簡單、味道好，就可以了。

阿彌陀佛。

（二〇〇七年二月三日講於法鼓山園區階梯教室，原收錄於《如何導覽法鼓山》手冊）

教育興學

一生的心願，終於實現！

——法鼓佛教研修學院揭牌典禮

諸位長官、諸位嘉賓、諸位法師，諸位研究所的老師、同學，以及諸位護法體系的護法菩薩們：

今天這個日子，我們已經等了三十年。三十年前我即主張：今天不辦教育，佛教就沒有明天！佛教不辦教育，就無法培養人才；佛教沒有人才，就會被社會輕視、矮化，而佛教弘化的功能也就無法產生。

這三十年來，我們一步一步堅持、努力，總算盼得今日成熟的果實。我們的第一步，是「寄生」於中國文化學院，在中華學術院底下成立佛學研究所。那是一九七八年，我應中國文化學院創辦人張其昀先生的邀請擔任研究所所長。一九八一年起，研究所正式招生，現在我們的研修學院校長惠敏法師就是第二屆校友，在座尚有第一屆校友果祥法師。在文化學院辦了三屆以後，由於張其昀先生因病休養，校務人事起了變化，研究所因此被迫中止，這讓我們開始思考必須自力辦學。

一九八五年，研究所遷至北投中華佛教文化館恢復招生，同時更名為「中華佛學研究所」，這是我們第二步的努力。我很幸運能有李志夫教授和方甯書教授一路走來的協助；兩位是我的好友，他們總是謙說在追隨我，事實上卻給予我莫大的幫助，特別是在辦學的實務經驗上。

中華佛研所辦學二十餘年，培養了許多優秀的佛教人才，對佛教界也產生很大的貢獻。譬如在座的第二屆校友厚觀法師，過去曾擔任福嚴佛學院院長；梅迺文教授在美國任教多年；有的人受邀至中國大陸講學；有的人則在國內外大學執教服務，譬如惠敏法師已歷任臺北藝術大學學務長、教務長和代理校長，但是他毅然選擇到我們這裡奉獻，擔任研修學院校長，我非常感謝他。

回首過往的二十多年，由於我們向教育部登記設立的是乙種研究所，按教育部規定，乙種研究所在師資及學生的招考條件上，必須比照一般大學研究所的標準，問題是在我們這裡任教的老師無法取得正式的教師資歷，也無法升等，而畢業的學生無法獲得學歷承認。在這種艱難的情況下，我們還是一屆一屆招生，可見我們的學生重視的是「真才實學」。

由於中華佛研所的辦學成果，讓我們深具信心，然而對於爭取宗教學位的承認，始終是我們努力的目標。我們爭取了二十多年，包括我、李志夫教授，還有恆清法師，我們經常到教育部、立法院去爭取。我們一直在努力、努力，鍥而不捨地努力，這是我一輩子的心願，我一定堅持到底。

如今，研修學院正式揭牌成立，今天是我最高興的一天。研修學院成立以後，我們會要求學生茹素、上早晚課，畢竟研修學院是為了培育佛教的宗教師人才，因此對於佛教的儀式、宗教師的威儀養成，我們非常重視，希望能為佛教界，乃至這個世界培養出最優秀的宗教師人才。

「法鼓佛教研修學院」是國內第一所佛教的研修學院，也是第一所獨立的宗教研修學院，我們矢志辦到最好，也盼有朝一日能把我們的辦學經驗，分享給其他宗教團體參考。因此，我們的校長責任非常重大，我相信我們會辦得很好。

感謝諸位蒞臨今天的儀典，但盼日後仍能不吝支持，在智慧、經驗及財力上，多多給予我們支援。謝謝。

（二〇〇七年四月八日講於法鼓山園區「法鼓佛教研修學院」揭牌典禮，原收錄於《二〇〇七法鼓山年鑑》）

以「心靈環保」建構法鼓大學

法鼓大學的辦學理念，一定是與法鼓山的理念密切結合。法鼓山的理念、法鼓山所做的事，就是「提昇人的品質，建設人間淨土」，以「心靈環保」為核心主軸，並透過大學院教育、大普化教育、大關懷教育三大教育來落實；例如現在我們正提倡的「心六倫」和「心五四運動」，都是屬於「心靈環保」理念的範疇。

三大教育　環環相扣

法鼓山是個辦教育的團體，提倡的是全面性教育，即三大教育；除了以大學院教育來培養人才，也希望把「心靈環保」的理念與方法廣為分享，因此又有大普化教育和大關懷教育。

法鼓大學雖然是大學院教育的一環，但是大普化教育和大關懷教育的內涵，不僅不能偏廢，反而更是辦學的著力點。否則，僅僅是標榜課程設計與教授師資，沒有辦法凸顯我們跟其他大學的不同，因此，大學院教育不能獨立於大普化、大關懷教育之外。

建立書苑制度　涵養學生品德

根據《天下》雜誌報導，現在臺灣有幾所大學校園，學生與教職員的關係非常緊密，比如政治大學、東海大學以及清華大學，這三所學校共有的特色，就是採取書苑制度。有了書苑制度，校園不僅僅是學生向學的知識殿堂，也是師生互動及涵養品格的生活空間。

法鼓大學將來也會建立書苑制度。從現在起，我們就要營造出書苑生活的氣氛，雖然現在的職員和參與籌備的老師並不多，但是就從這些人開始，彼此互敬互助，互相關懷，也互相勉勵，這其實就是「心六倫」所談的倫理。現在就要開始去做，等到將來學校開學了，學生和老師就能立刻感受到這種溫馨、溫暖的書苑氛圍。

示範實踐「心靈環保」、「心五四」、「心六倫」

特別是我們正在提倡的「心六倫」運動，是由誰來推廣呢？是信眾，還是認同法鼓山理念的社會大眾？這些人都是，他們都很重要，但是真正的帶領人，應該從我們的教育體系開始來示範引領。

如果我們的教育體系不了解「心六倫」，不能實踐「心六倫」，卻要呼籲信眾和社會大眾一起力行「心六倫」，那就淪為一種口號——如果是這樣，那我們這個團體是失敗的。

因此，法鼓山的教育體系一定不能在「心六倫」的推廣行列中缺席，更要率先實踐「心六倫」。我希望由法鼓大學率先來推展「心六倫」！

我們推廣「心六倫」、「心五四運動」，其實都是屬於「心靈環保」理念的範疇，這並不是在法鼓山的教育體系之外，另外設立一個個新的主題，而是為了把教育辦好，讓學校辦學有特色，所以倡導這些生活化的理念。我們自己來做，也邀請社會大眾一起參與，讓我們的社會更祥和、更安定、更和諧。而這些理念絕對是法鼓山辦學的著力點，也是法鼓大學不同於其他學校的最大特色。

（二〇〇八年十一月二十七日講於臺北安和分院「法鼓人文社會學院第四屆董事會第五次會議」，原收錄於《二〇〇八法鼓山年鑑》）

辦一所全人教育的國際化大學

我對於法鼓大學的未來，充滿了信心，而臺灣以及全世界對於法鼓大學的創辦，也寄予非常深厚的期望。雖然現在社會上，大學好像多了一些，特別是臺灣社會又逐漸走向「少子化」，可是因為我們辦學的方向很明確，而且非常正確，與其他學校辦學的理念、辦學的方向、辦學的方法，以及辦學的宗旨雖然不相同，但是並沒有衝突，所以將來法鼓大學一定會成為一所世界級的、最好的學校。

其中最特別的是，我們的學校是採取書苑制度。所謂「書苑」是什麼呢？書苑是除了上課的教室之外，學生們日常的生活環境，也就是說，學生平常是生活在書苑裡。在這種生活環境之中，有專門的老師負責輔導。而這樣優美的、特別的教育環境，雖然在世界上不是首創，但也是非常新的作法。

此外，國際化也是我們的目標之一。我們不僅招收臺灣的學生，也能讓全世界的學子就讀，授課所使用的語文，不僅是本國語文，還要用英語或其他外國語文；而上課的地點，則不僅是在臺灣，還會將學生送到國際環境中學習。如此的學習過程，相信我們的學生畢業以後，一定會是全國企業界以及政府機構，乃至全世界爭相邀聘的對象。

今天，是法鼓大學的開工典禮，我感到非常歡喜，相信未來的法鼓大學有非常遠大、光明的前途。這是一定會實現的，請諸位也給我們鼓勵，讓我們大家一起彼此加油。

阿彌陀佛！

（二〇〇八年十一月二十八日法鼓山園區「法鼓大學開工灑淨典禮」錄影開示，原收錄於《二〇〇八法鼓山年鑑》）

分支道場

建設臺東人間淨土

一件事情的完成，一定要有許多因緣的配合。法鼓山能夠來到臺東奉獻，也是許多因緣的促成。

最初，臺東多數人並不認識我，因為有幾位居士到農禪寺參加修行活動，他們積極地邀請我至臺東弘法。而當時信行寺原來的會徹法師，希望把信行寺移交給其他的佛教團體，最後找到了法鼓山，才有今天的信行寺。

法鼓山在臺東的發展，從開始至現在，雖然信眾不多，但是參與的菩薩們都很精進、優秀。我在這裡也特別感謝歷任召集委員的付出和努力。

而我們現在要問：「法鼓山到臺東來，究竟做什麼呢？」在「法鼓山的共識」裡有這麼一句話：「奉獻我們自己，成就社會大眾。」法鼓山到臺東，並沒有想要從臺東取走什麼，而是以奉獻利他的心來為臺東民眾服務。

有人覺得臺東很貧瘠，可是臺東同時也很富裕。臺東的物資資源或許有限，可是民心非常清新、樸實，環境非常自然、美好。所以法鼓山來到臺東，一方面分享法鼓山淨化人心的觀念和方法，一方面也向臺東民眾學習，把臺東建設成為人間淨土的模範縣，然後推廣到全世界。

法鼓山是以「心靈環保」為核心主軸，同時落實「禮儀環保」、「生活環保」和「自然環保」。這是從法鼓山的理念「提昇人的品質，建設人間淨土」所發展出的落實方法。請大家不要以為建設人間淨土很困難，只要我們落實四種環保，人間淨土便能建設完成。大家一定要有信心。

臺東縣縣長徐慶元致詞時表示，希望將信行寺建設成為臺東的一個觀光景點。至於法鼓山能為臺東帶來什麼的觀光資源呢？法鼓山並不是一個讓大家來遊戲郊遊之處，而是一個淨化人心的地方。我們希望只要來到法鼓山，就能夠得到心靈與精神上的滋養，人人滿載而歸，這便是法鼓山的「產品」，將來信行寺也會朝著這個方向努力去做。

（二〇〇五年七月十六日講於臺東信行寺落成啟用暨佛像開光典禮，原收錄於《二〇〇五法鼓山年鑑》）

法鼓山道場的功能

——溫哥華道場改建落成啟用典禮

今天是法鼓山溫哥華道場改建落成啟用的大喜之日，我在這裡首先要向今天所有蒞臨的嘉賓，以及溫哥華的菩薩們表達恭喜。

溫哥華道場自一九九四年成立至今，已歷經了好幾個階段，這些歷程相當於法鼓山在溫哥華的發展史。成立至今，由好多位熱心信眾共同經營、分擔和護持，表現都很出色。

但是一個道場，並不是幾個人負責就能夠完成的，從募款、維持，以及舉辦各項共修活動等，都需要結合更多人的力量和支持。因此溫哥華道場的成立，乃是眾緣所成，是許多善緣的結合，而這全都是因為法鼓山的理念以及我們所提倡的佛法，普遍受到大眾的認同與歡迎，並且願意接受和護持，進而發揚光大，因此我在這裡謝謝大家。

分支道場應發揮弘化的功能

現在僧團已派請法師到溫哥華來，但是不是有了一棟房子、一位法師，以及幾位居士經常來走動，就達成我們建設道場的目的了？如果只是這樣，這個道場是多餘的。法鼓山在任何一個地方成立分支道場或共修處，一定有它應發揮的功能，不是僅僅舉辦法會、禪修，或念佛、拜懺、誦經等活動，我們一定要走出自己的特色，和其他道場有所區隔。

如何區隔呢？便是要落實法鼓山的理念：「提昇人的品質，建設人間淨土。」這不是口號，而是要照著去做，主要內容有「心五四運動」、〈四眾佛子共勉語〉，以及實踐「生活佛法」，這也就是中國禪宗的精華。

中國的禪宗並不只是教人打坐而已，而是要從內心的安定、穩定開始，透過生活、儀態、語言，以及行為等各方面表現出來，讓自己與他人都感到平安、健康、快樂和幸福。

因此當我們在與人接觸互動的時候，要保持慈悲的、親切的、柔軟的、和諧的、愉快的、誠懇的態度，而讓周遭的人感受到法鼓山菩薩的人品的確與眾不同。如果身為法鼓山菩薩還是會吵架、生氣、與人計較、背後批評，那就是我們自己不精進、不求成長了。

在這種情況之下，縱使你打坐得很好，念佛很勤快，也常誦經，但是沒有照著法鼓山的理念去做，就不是我們所希望見到的。法鼓山所要推動的就是人品提昇，不管是出家人或在家人，尤其是資深的悅眾菩薩，更要當起眾人的表率。

落實佛法於生活中

諸位之中，有許多人是從一九九四年開始接觸師父至今，已經有十三年了，如果諸位在人品方面沒有成長，而僅僅是多懂得一點佛法，會講法鼓山的理念，但根本沒有在生活中去體驗，那就非常可惜了。

因此我要勉勵諸位，在道場的時候，要確實修學法鼓山的理念，深入體會法鼓山的理念；當與人接觸的時候，不管對方是不是佛教徒、是不是認識的人，都要表現出法鼓山菩薩的氣質和品質來。當我們的人品提昇以後，自然就能感動周遭的人，使得社會大眾樂於親近我們，進而有愈來愈多的人參與法鼓山這個團體。

例如在日常生活中走路、吃飯、與人交談，或是工作的時候，我們的心情、表情和動作，都要像一個禪修道場的人。並不是一天到晚有人打坐才叫作禪修，而是道場中成員的身心、舉止，都讓人感到很有安定力、凝聚力、懾服力，以及攝受力。

懾服力是透過行為而產生；攝受力則是即使對方不認識我們，但是當他接觸我們以後，因為歡喜、感動而產生好感，就會認同法鼓山，那就是攝受力，就是在做著教化的工作了。

將法鼓山理念推廣到家庭之中

雖然現在溫哥華道場也舉辦有多項共修活動，但是場地所能容納的人數並不多，因此我們要把法鼓山的理念推廣到一般家庭之中，讓每個人在自己的生活裡實踐，這樣才能夠使法鼓山理念推展得更廣，讓更多人得到佛法的利益。

法鼓山在全球有許多分支道場，各地的居士都希望多派幾位法師去。其實弘法不僅僅是法師的責任，居士也要弘法。

居士有三大任務，那就是「修學佛法、護持佛法、弘揚佛法」。如果你不修學佛法，就不會有熱忱和信心來護持佛法，只有自己修學佛法之後，才會有認同感，然後願意主動護持。同時我們也要做弘揚佛法的工作，因為如果大家只知道修持、護持佛法，可是卻沒有弘法的熱忱，那佛法是沒有未來的。

最後，我要非常感謝這次落成大典的主持人——溫哥華副市長黎拔加（B.C. Lee）先生，他給予我們諸多幫助，也非常謝謝我們的鄰居，包括伊斯蘭教、基督教、印度教的朋友，以及佛教界漢傳與藏傳的諸位長老，還有在工程中盡心盡力的建築公司、建築師和顧問，我在這裡感謝諸位。

再一次祝福大家，阿彌陀佛！

（二〇〇六年九月十六日溫哥華道場落成錄影開示，原收錄於《二〇〇六法鼓山年鑑》）

迎向新未來 為人類幸福努力

——慶祝東初禪寺創寺三十週年

今天是東初禪寺成立三十週年紀念，「東初禪寺」這個名字是對華人講的，我們對西方人常用的名稱是「禪中心」（Chan Meditation Center），而向政府登記的是「The Chung-Hwa Institute of Buddhist Culture」，名稱是根據臺灣「中華佛教文化館」的英文名字而來。因此，東初禪寺有三個名稱，通常大家叫它「禪中心」。

東初禪寺什麼時候開始創建？三十年前，沈家楨先生邀我擔任美國佛教會副會長，同時擔任大覺寺住持。沒多久，先師東初老人圓寂了，遺囑裡交代臺灣的文化館及農禪寺由我繼承，因此我回臺灣後，一住就是半年。這段時間，大覺寺另外聘請一位比丘尼擔任住持。所以半年後我回到美國，便暫時去住沈家楨先生的菩提精舍。

我在大覺寺時有一批學生，他們從市區到長島很不方便，希望我回紐約市區。然而在市區，我沒地方住，於是在浩霖法師的東禪寺掛單一陣子；有一段時間，我也在馬路上流浪，這個地方住、那個地方住。之後，我在皇后區（Queens）林邊（Woodside）地方租了房子，住了差不多半年，後來找到柯羅娜街（Corona Ave.），買下一棟房子。

第一次買的房子住了差不多五年，這五年裡，人愈來愈多，於是又搬到對面一棟老房子，即現在東初禪寺所在地。過幾年又不夠住，剛好後面有戶住家要賣，我們就買下來，因此現在東初禪寺是兩棟房子。這兩棟房子要感謝魏煜展和李友琴夫婦，不論買哪一棟，都由他們貸款借我們錢，之後我們不是還他們錢，而是給他們捐款收據，所以我們買一次房子，他們夫婦便捐錢。

往後打禪七的人數多些時，又沒地方住了，於是我們就到上州的松林鎮（Pine Bush）買了一個地方。最初買的時候只有八十幾英畝，後來又增加三十英畝，所以在上州我們又有一個象岡道場，屬於「美國法鼓山佛教會」（Dharma Drum Mountain Buddhist Association，簡稱 DDMBA）。東初禪寺負責接引工作，象岡道場則是精進禪修的場所，雖然發展到現在似乎很大，但在市區仍是不夠用。

因此，美國護法會於二〇〇七年舉辦了幾場募款活動，募到一些善款，但距離要買一個新的地方，還差得相當遠，所以東初禪寺的遷建計畫，還在努力中。

關於東初禪寺的架構，正式向政府登記的法人有兩個：一個是東初禪寺，即禪中心；另一個是美國法鼓山佛教會（DDMBA），原是借東初禪寺為會址，現在主要的財產是象岡道場。目前我們準備以 DDMBA 為基礎，向聯合國申請非政府組織（Non-Government Organization，簡稱 NGO）。因此，DDMBA 除了提供禪修的道場，也參與國際性的活動，對於世界的和平、人類的幸福及社會的安定，將有很大的幫助。

我非常慚愧，這三年多來都在害病之中，這次東初禪寺三十週年慶，應該是我要親自出席，感謝諸位菩薩三十年來的支持。現在象岡道場有兩位法師，一位是果醒法師，一位是常聞法師，還有幾位居士在照顧。東初禪寺常住人數很少，但做的事情非常多，幾位法師合作得很好，在這段時間以來，東初禪寺並不因為師父沒有在美國就停頓了，還是在繼續發展之中。

我非常歡喜，希望諸位菩薩繼續支持東初禪寺的發展。往未來看，東初禪寺將成為美東地區華人很重要的佛教道場，不僅僅是華人，對西方人來說，都一樣受歡迎。阿彌陀佛！

（二〇〇八年五月十七日美國東初禪寺「慶祝東初禪寺三十週年紀念」錄影開示，原收錄於《二〇〇八法鼓山年鑑》）

同心同願，為建設人間淨土而努力

今年（二〇〇八）是我們美國道場創建三十週年，早在五月時已經舉行過紀念活動，並且發起了募款運動。而因為種種的變化，以及法鼓山在北美的成長，所以現在八月又準備要擴大舉辦一次年會。在此跟大家分享一下，我對於北美佛教發展過程的心得。

法鼓山在北美的發展歷程

我想分成幾點來說，東初禪寺最初並沒有護法會，只有信徒及學生，信徒是來參加法會的，學生則是來參加禪修的。後來因為我們在臺灣創建「法鼓山世界佛教教育園區」，所以才成立了北美的護法會來募款。最早在北美的捐款，全部都要寄回臺灣，而為了這個原因，於是有了「美國法鼓山佛教會」這一個跨國團體的成立，否則僅僅用「禪中心」（東初禪寺）的名義，是沒有辦法的。到現在為止，北美護法會一共有三十幾個據點，雖然人數多少不一，但是大家都很用心，也很熱心地為法鼓山的弘法工作而付出。

後來漸漸地覺得，在紐約市區的東初禪寺地方太小，大殿最多容納三十來人一起打坐；若是聽講經，也只能容納一百多人，空間可說是供不應求，因此我們規畫到紐約上州去買地。我們找了很久，終於找到一處基督教女青年會舉辦夏令營的房舍，也就是現在的象岡道場。然而，要買下那個地方，還是需要不少經費。

這塊地將近一百多英畝，其中只有一棟房子有暖氣設備，但是因為很古舊了，必須要翻新；而另外的兩棟房子，一棟是室內活動場，另外一棟是餐廳，但是只有窗子和紗窗，一到寒冷的冬天，就沒有辦法居住與活動。因此，我們花了很多的時間與金錢，將這兩棟房子整修起來，以便在冬天可以使用。這段時間，都是由果元法師照顧和整理。

五年前（二〇〇三），象岡道場也漸漸不敷使用，於是增建了兩棟兩層樓宿舍，規畫成一人一間房，可以容納一百多人，而這也是一項大工程。我們要非常感謝、感恩所有的護法居士所給予的護持，更要特別感謝魏煜展、李友琴夫婦，他們護持了很多經費。我們東初禪寺現址有前後兩棟房子，當初購買的時候，都是向魏煜展夫婦借款，以後每年還他們一張收據，讓他們可以拿著收據去報稅，但是其實並不能全部報稅，因此大部分的錢都是他們捐的；後來建設象岡道場時，大部分的經費也是魏煜展夫婦捐的，如此一來，我們在北美的道場才日具規模。

現在象岡道場可以容納一百多人同時打禪七，如果是辦活動，還可以容納兩百人，所以這一次活動，就是在象岡道場舉辦，參加的人數是一百多人，剛好可以住得下。以上是我們在北美發展的過程。

以支持北美道場為當前任務

目前每年象岡道場需要的經費，因為無法自給自足，必須從護法會捐助，所以本來要捐到臺灣的募款，大致上都改為支持象岡道場，因此象岡道場的財產，是屬於美國法鼓山佛教會的。請諸位菩薩能夠在這個階段用心支持它，將來我希望象岡道場能夠自給自足。本來我還在象岡道場的時候，是沒有問題的，可以讓它自給自足，後來我害病了，在回到臺灣兩年多的這個階段，象岡道場收入不多，本身不夠負擔，才需要支持。

另外，東初禪寺的經費維持還好，因為每個星期天會舉辦法會，平常有藥師法會、觀音法會等，春、秋兩季及過年也能夠有收入，所以大概可以維持。而錢從哪裡來？也都是諸位護法菩薩參加活動的捐款。所以我要感恩諸位護法體系的菩薩們，也要請大家繼續來支持。

海內外同步支援推動三大教育

我們在臺灣所推廣、發展的有三個體系，也就是三大教育：大學院教育、大普化教育、大關懷教育。其中，大學院教育，包括法鼓佛教學院、中華佛學研究所，以及將來的法鼓大學，都很需要經費。我們臺灣也有一個勸募的護法體系，但是如果募款金額不夠的時候，在海外的護法體系也要支援、配合，有多少力量就支援多少。

另外，我們在臺灣有十個基金會，包括法鼓大學、中華佛學研究所、法鼓佛教學院、法鼓山慈善基金會、法鼓人文社會基金會、聖嚴教育基金會、大愛基金會、法鼓山文教基金會、法鼓山佛教基金會、中華佛教文化館等十個基金會；如果包括我們在美東的三個團體：東初禪寺、美國法鼓山佛教會，以及象岡道場，加起來一共有十三個基金會。這十三個基金會在推動什麼？推動大學院教育、大普化教育，以及大關懷教育。

譬如說我們最近到中國大陸四川救災，從五月十五日開始一直到七月初，在這一、二個月的時間，總共派出了八個救援團，一個星期換一團，否則的話，救災的人員太辛苦、太累了；另外，緬甸發生風災，我們也去救災。救災是我們的一個關懷項目。

我們也推動社會的關懷，包括從前年（二〇〇六）開始推廣的防治自殺運動。臺灣去年（二〇〇七）比起前年來，因為自殺死亡的人數，少了四百六十多人，今年我們還要持續地做。因為自殺的風潮及風氣，在全世界各地都滿嚴重的，因此這可以說是我們滿需要推動的工作；另外也正在推展一個新的運動——「心六倫」運動，這是延續「心五四」運動而推動的，包括家庭倫理、生活倫理、校園倫理、自然倫理、職場倫理，以及族群倫理，一共六個面向。為什麼叫作「心六倫」？就是從「心」開始推動倫理教育。然而，我們還在繼續地向各方面推廣「心五四」。這是大普化教育，也可以說是大關懷教育，都是由人文社會基金會來負責推廣。

另外，聖嚴教育基金會成立至今不到三年，發送出去的結緣書已經有三百多萬冊，這不簡單。過去是由佛教基金會負責，法鼓文化協助出版，後來在運作上，改由聖基會負責。此外，聖基會還支持哥倫比亞大學的「聖嚴漢傳佛學講座教授」，由該校宗教學系教授于君方擔任指導教授，今年就招收到九個博士生來專門研究中國漢傳佛教。聖嚴教育基金會也舉辦了兩屆「聖嚴思想與當代社會」國際學術會議，因為「聖嚴思想」很廣，到底跟現代社會有著什麼樣的結合？每次大概有幾十篇文章探討這個問題，而且不完全是臺灣的學者參加，也有許多國際上的學者共同參與。

中華佛學研究所由果鏡法師主導、主持，推出漢傳佛教的研究專案，由全世界的漢傳佛教研究者提出研究方案，然後我們補助研究經費。其他的基金會方面，例如文基會是支持一般的文化活動；佛基會支持興辦大學，以及寺院的建築、維修。

我們在臺灣有幾個新的道場正在建設當中，分別是三峽天南寺、臺中寶雲寺，以及臺南佳里雲集寺，請諸位能夠響應，同步往前走。我知道，東初禪寺要籌建新的道場，正在募款中，同時，我們也正在向聯合國登記申請設立一個非政府組織（NGO）、非營利事業的團體，由常濟法師來規畫、接洽這個案子。

美國看起來，真是責任重大。要建一個道場，在籌款上很不容易，像是今年五月的籌款義賣，實際上並沒有募到許多錢，距離目標還很遠，但是我相信，我有信心，像我這樣子的一個人，赤手空拳到達美國，最初是在街頭流浪、露宿街頭，三十年以後，我們今天在美國有了兩個道場，這並不簡單。我相信沒有錢還是可以做事，只要發願去做，就一定做得出來。

法鼓山法脈已向外廣傳

另外，大家可能忽略了，以為法鼓山好像只在美國和臺灣兩地，其實，我在外國的弟子，還包括英國、克羅埃西亞、波蘭、瑞士，以及墨西哥等地，他們自己就有禪堂，而這都是屬於法鼓山體系下的，請不要忘掉他們。最近英國禪堂的老師，一共有六、七個人到法鼓山來朝山，來拜訪師父；七月份，俞永峰博士也曾帶我們美國的佛法教師（Dharma teacher）到法鼓山來看看本道場。

請諸位也不要忘掉他們，因為他們也是我們東初禪寺的中心分子。無論是美洲、歐洲，以及中、南美洲，都有我們的弟子在那邊；還有，不是我剃度的出家弟子，像馬來西亞的繼程法師、新加坡的果峻法師，他們會在他們的國家弘法，也會到其他的國家去弘法，因此，法鼓山的法脈已經外傳了。

雖然我在臺灣很少出現，可是法鼓山園區的禪堂還是經營得很好。因此，我希望、我也相信，北美的禪修道場還是會非常蓬勃地發展起來。我們團體要年輕化、要國際化、要有西方人參與，不能僅僅是華人。我們是護持者、我們是修行者，希望我們也能夠做為推廣者。

這一次的會議是研討會，名稱叫作「法鼓山北美發展研討會」，一共有三個單位來共同負責：東初禪寺、象岡道場，以及美國法鼓山佛教會。最中心、最主要的是東初禪寺，因為東初禪寺是我們在北美最早成立的一個據點。我在這裡祝福研討會圓滿成功，也祝福北美護法會的年會成功圓滿，阿彌陀佛！

（二〇〇八年八月二十三日東初禪寺「北美發展研討會」錄影開示，原收錄於《二〇〇八法鼓山年鑑》）

國家圖書館出版品預行編目資料

法鼓山的方向：創建 / 聖嚴法師著 . --
初版 . -- 臺北市 : 法鼓文化 , 2018.12
面； 公分
ISBN 978-957-598-801-2 (平裝)

1. 法鼓山 2. 歷史

220.6 107019809

人間淨土 40

法鼓山的方向：創建

The Direction of Dharma Drum Mountain: Founding and Establishment

著者 聖嚴法師
出版 法鼓文化

總審訂 釋果毅
總監 釋果賢
總編輯 陳重光
編輯 林文理、詹忠謀、李書儀
內頁美編 陳珮瑄
地址 臺北市北投區公館路 186 號 5 樓
電話 (02)2893-4646
傳真 (02)2896-0731
網址 http://www.ddc.com.tw
E-mail market@ddc.com.tw
讀者服務專線 (02)2896-1600
初版一刷 2018 年 12 月
初版三刷 2019 年 2 月
建議售價 新臺幣 220 元
郵撥帳號 50013371
戶名 財團法人法鼓山文教基金會 — 法鼓文化
北美經銷處 紐約東初禪寺
Chan Meditation Center (New York, USA)
Tel: (718) 592-6593 Fax: (718) 592-0717

法鼓文化

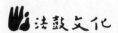